JN410746

(주)코리아웨딩스쿨 나순자 대표의 국제결혼상담과 인생역정

웃으면서 봉사하고 유쾌하게 도전하라

지은이 **나 순 자**

코리아웨딩스쿨

□ 글의 첫머리에 □

누군가에게 의미를 남길 수 있다면

가슴 속 깊이 오래 묻어 두고 싶은 제 삶의 궤적이 있었습니다.

보리밭길 아지랑이 피어오르던 봄날!

뜨겁던 태양 열기를 식혀주던 시원한 소낙비 내리던 여름날!

오곡백과 무르익던 풍성한 가을날!

밤새 펑펑 내린 함박눈이 온 세상을 하얗게 덮어버린 시린 겨울날!

기적 같은 삶을 잘 버티며 살아온 제 삶의 기억들을 꺼내어

조심스레 엮어 봅니다.

자전 에세이집이란 이름의 책을 이 나이에 선보인다는 것이 너무 부끄러워 망설이지 않을 수 없습니다.

거창한 성공을 이룬 것도 아니고 인생을 다 산 것도 아닌데 "나순자가 벌써?" 라는 비난을 받을 것이 한없이 두렵습니다.

아직은 이르다는 생각이 듭니다.

그러나 제가 살아오면서 온몸으로 느껴온 삶의 궤적과 평소에 기록하는 습관들로 채워진 메모장과 틈틈이 위인들의 전기를 즐겨

읽으면서 느낀 점을 글로 모아 제 마음의 소회의 일단을 엮어 보기로 용기를 냈습니다.

제가 걸어오고, 하는 일들이 어렵고 힘든 일과 고통을 겪고 있는 사람들에게 작은 위안이 되고 한 줄기 빛이 되어 그들의 눈물을 닦아주고 용기와 희망을 주는 계기가 되었으면 합니다.

저는 그것만으로도 만족할 뿐입니다.

그래서 제 부끄러운 흔적들을 알몸처럼 들추어 내보입니다.

인생은 살아가면서 3가지 일이 있다고 봅니다.

그것은 “하고 싶은 일”, “할 수 있는 일”, “꼭 해야 할 일” 입니다.

우리들은 “하고 싶은 일만 하면서 신나게 살 것인가”, “할 수 있는 일을 하면서 인정받고 살 것인가”, “해야 하는 일을 하면서 사람답게 살 것인가” 하는 선택을 요구받으며 살아가고 있는 것 같습니다.

저는 봉사하는 삶을 “해야 할 일”로 선택하며 사람답게 향내나는 삶으로 살아갈 것입니다.

그 길이 곧 그동안 저를 위해 함께 웃고 울어주며 아파해 하면서 위안을 주고 울타리가 되어주신 저를 아시는 모든 분들에게 보은하는 길이라 생각합니다.

외로운 이들에게 새로운 보금자리를 만들 수 있는 기회를 제공해 준다는 기쁜 마음으로 (주)코리아웨딩스쿨이라는 결혼정보업을 시작한지 만 15년 지나왔던 그간의 길은 마냥 기쁘지만도, 마냥 행복하지만도 않았다.

옛날에는 결혼정보업의 핵심은 바로 중매(仲媒)라 하여 젊은 남녀 사이에 들어 혼인을 성사시키는 행위를 말하고 그런 행위를 하는 사람들은 중매쟁이<혹은 매자(媒子)>라 하여 그 사람을 속칭해 이르는 뜻으로 천대받은 직업 중에 하나였다.

하지만 개성이 강한 현대사회에서 개인과 개인을 연결해주는 결혼정보업은 그 어떤 직업보다 보람과 말로 형언할 수 없는 행복함을 얻을 수 있는 직업임은 틀림없다.

창업을 앞두고 내가 많은 고민과 갈등의 시간을 보내면서 탐독했던 책은 미국 와튼 스쿨 경영학 교수인 제러미 리프킨(jeremy Ritkin)이 쓴 '소유의 종말' 이었다.

이 책의 원제는 "The Age of Access"다. 우리말로 직역하면 "접속의 시대"다. 역제인 "소유의 종말"과 원제인 "접속의 시대"를 합치면 이 책의 주제가 그대로 제시된다. 저자는 근대문명, 즉 소유의 시대가 저물고 탈근대문명 곧 접속의 시대로 세상이 바뀌리라는 점을 풍부한 사례와 일관된 논리로 지적하고 있다.

여기서 저자가 사용하는 "접속(Access)"의 개념은 상당히 심오하다. 사이버 공간의 네트워크상으로 진입한다는 일반적 의미와 아울러 소유가 생략된 채 사용만을 추구하는 행위도 접속의 범주에 포함 시킨다. 변화의 속도가 느리던 시대에는 소비자가 상품을 사서 소유하는 데 관심이 있었다면 상품의 변화 속도가 빨라진 지금은 급속하게 바뀌는 다양한 제품을 사용하는 데에 주로 관심이 있다.

기업들도 엄청난 규모의 부동산이나 사무실을 소유하는 것을 피하고 이를 매각해 버린 뒤 임차해 사용한다. 비핵심 사업 부문을 매각하고 필요한 부분은 외부 업체에 아웃소싱한다. 결국 기업에서도 유형 자산을 소유하지 않고 필요한 서비스에 접속하는 행위가 나타난다.

그는 산업시대가 소유의 시대였다면 이 소유와 함께 시작됐던 자본주의의 여정은 끝났다고 선언하면서 새로운 접속의 시대가 오고 있다고 주장했다.

그동안 인류는 무언가를 소유화 하고 재산화 하려고 노력해 왔지만 이젠 그럴 필요가 없으며 재산이 교환되던 예전의 시장은 접속으로 이어진 네트워크로 이루어진다.

소유가 인간의 기본적인 욕망이긴 하지만 지나친 소유에 대한 욕망은 자신의 인생을 망가 뜨린다.

실제로 우리가 이런 현상을 목격하기란 어렵지 않다. 얼마나 많은 사람이 더 갖고 싶고 더 누리고 싶은 욕심 때문에 파멸의 길을 걸어갔는가?

지나친 것은 부족한 것만 못하다는 말은 진리인 것 같다.

사람이 소유에 집착하면 아무것도 이룰 수 없다

무소유란 부처님이 아무것도 갖지 말고 살라고 하신 얘기가 아니다.

대충대충 살면서 가난하게 살라는 말씀은 더 더욱 아니다. 무소유는 마음을 비우는 것이다

그러나 비우면 또 다른 무엇인가가 그 빈자리를 채우게 돼 있는데 어쩌면 그것은 드넓은 우주일 수도 있다.

따라서 마음을 비운다는 것은 모든 것을 갖는다는 것이며 마음이 그만큼 풍요로워진다는 뜻이기도 하다.

인터넷 시대가 불러올 변화는 아직도 진행 중이지만 갈 길은 멀다고 본다.

미래와 탈근대에 대해 철학적 깊이까지 곁들인 다양한 화두를 제시하는 훌륭한 미래학 교과서로 인터넷시대와 글로벌시대의 경영에서 나에게 매우 유용했던 책이다.

일단 창업을 결심하자

사람, 돈 내가 원하고 필요로 하는 원하는 시간과 장소에 묘하게도 준비가 되어 있었다.

한 가지 한 가지가 어찌나 착착 손발이 맞아 돌아가는지 1년 이상이 걸려도 쉽지 않은 일이 1개월 만에 빠르게 이루어져 내

스스로도 믿기지 않을 정도였다.

물론 여기에는 내가 아무리 생각해도 신기할 정도로 눈에 보이지 않는 도움 작용이 많았다.

그것들은 일일이 설명할 수가 없다

뭐라고 하면 좋을까?

일련의 정황들을 살펴보면 누군가 어떤 길을 미리 만들어 놓고 그곳으로 나를 끌고 가고 있다는 기분이 들 정도였다.

오늘 아침에 고민하는 문제가 오후에 해결이 되고 오후에 고민한 것은 그날 밤에 해결이 되고 밤에 고민한 것은 그 다음날 아침에 해결이 됐다.

내 의지와 능력으로 되는 것이 아니라 무언가가 그렇게 만들어 가고 있다는 느낌뿐이다.

모든 것이 우연치고는 필연인 것처럼 그렇게 진행되고 있었다.

나는 평생을 성경속의 솔로몬과 같은 지혜를 달라고 하는 기도가 전부였다. 그 뿐이었다.

또한 지혜롭게 사는 삶이란 문구가 나온 책들은 모두 다독할 정도로 지혜롭게 살기를 간절히 원했다.

그러나 (주)코리아웨딩스쿨을 설립한 이후 겪어야만 했던 시련과 역경은 참으로 파란만장했다.

온갖 좋지 않은 수단과 얄팍한 상술로 회원 가입비만 챙기는 불성실한 알선자의 사기와 불법으로 가득 찬 국제결혼풍속은 나를 아연실색케 하여 굳은 의지를 몇 번이고 꺾으려 했다.

하지만, 한 가지 믿음이 나에게 희망과 꿈으로 다가왔고 하고자하는 사명감을 갖게 했다.

이 세상의 수많은 불신과 모순투성이 속에서도 인생에 있어서 가장 중요한 과정인 결혼문제를 상담해 오고 나를 의지하면서 따라와 준 소중한 예비신랑들이 있었기 때문이다.

나와 코리아웨딩스쿨에 대한 믿음과 신뢰는 어떠한 상황에서도 흔들림 없는 신중한 선택을 하는 예비신랑들의 의지로 이어졌다. 여기에는 배려와 관심으로 이끌어 주시는 40여분의 고문단과 자문단의 선생님들이 큰 버팀목이 되기도 했다.

소중한 회원들과 표현할 수 없는 서로에 대한 믿음과 신뢰가 나를 끝없는 봉사의 마음으로 이끌었고, 그들에게 최상의 인연을 맺어주는데 조금도 소홀함이 있어서는 안 되겠다는 다짐을 통해 정확하고 완벽한 시스템을 갖추게 하였다.

홈페이지를 재정비하고 사무실 확장 이전과 함께 해외지사 또한 회원모집과 관리 교육시스템까지 구축하여 (주)코리아웨딩스쿨은 국내외 최대 결혼정보회사로 자리매김하게 되었다.

이러한 우리 회사만의 파워시스템은 2005년도부터 연계사업으로 전남 여수시, 해남군, 화순군, 순천시 등 지방자치단체 등과 함께 "농·어촌총각 행복한 가정 만들기 행사"를 주관하게 되었으며, 짝을 찾지 못한 외로운 이들에게 삶을 함께할 가족과 가정을 만들어 주고 있다.

이미 나와 많은 사람들이 격려와 애독을 해 주신 "하나를 위한 둘의 준비"를 보완하고 새로운 국제결혼을 성사 시키면서 애환을 그린 "행복하기 위해 결혼하는 사람들..." 합해 이 책을 내놓는다. 지난 15여 년 동안 외로운 이들의 짝을 맺어주면서 느끼고 배웠던 사랑, 인연, 행복의 이야기들을 한 곳에 정리해 본 것이다.

사람은 누구나 행복하기 위해 살아간다.

다른 누군가의 선택과 삶을 통하여 행복을 만들어 갈 수 있는 지혜와 진솔한 삶이 함께 공유할 수 있는 계기가 되었으면 하는 바람이다.

행복은 누군가가 만들어 가져다주는 것이 아니라 스스로 만들어 가는 것이다.

사랑과 행복을 담은 이야기 항아리가 여기 있다.

현자들은 이렇게 말한다.

"가난을 빵에 굶주리고 의복과 자동차와 집을 갖지 못한 물질적 빈곤으로 생각하기 쉽다. 그러나 애정과 사랑에 굶주리고 소외되고 고독하다고 느끼는 삶, 더구나 혼자라고 느끼는 삶이야말로 가장 슬픈 가난이다."
라고 나는 말해 주고 싶다.

다른 삶 속에서 또 다른 나의 삶을 찾아가는 지혜와 여유가 함께 하시길 바라며 가장 슬픈 가난에서 벗어나시길 두 손 모아 기도한다.

끝으로 제1부 하나를 위한 둘의 준비와 제2부 행복하기위해 결혼하는 사람들을 보완 "웃으며 봉사하고 유쾌하게 도전하라" 발간할 수 있도록 따뜻한 사랑으로 도움주신 주위 모든 분들과 특히 평생 동안 애정을 가지고 남기신 명화 같은 작품 사진들을 흔쾌히 제공해 주시고 축시를 써주신 김종남(로마노)신부님과 저의 글을 깊은 관심으로 평해 주시고, 당호를 하사하시어 문인으로서의 면모를 갖추게 해 주신 백야 김종웅님께 온 마음으로 감사드립니다.

열심히 사는 것으로 보답하겠습니다.

정말 감사합니다.

글쓴이

나 순 자

□축 시□

그대 들꽃 이어라!

김 로마노 신부

이 밤,
혼자만의 가락으로 부르는 그대의 노래
귀 기울여 들어줄 우리 있으니
영혼의 샘으로 차고 넘쳐나
숨길수 조차 없는 그대의 사랑
푸른 비로 흩뿌리며 달려온 그대 위해
가슴으로 응답해 줄 우리 있으니
이 밤, 온몸으로 추는 그대의 춤,
마음으로 함께 할 우리 있으니
가시 덤불 속 휘젓는 바람
칼날에도 꺾일 수 없는 그대의 사랑
가슴 가득 담아내어 붉은 노을빛에 얼굴 달구며
응답해 줄 우리 함께 있으니
그대! 힘차거라
들꽃 되어라!

2004. 늦가을

소망의 기도

매일 같은 길을 걷고
같은 골목을 지나도
매일 같은 길은 아니었습니다.
어느 날엔 햇빛이 가득 차 눈이 부시고
어느 날엔 비가 내려 흐려도 투명하거나
어느 날엔 바람에 눈이 내려
바람 속을 걷는 것인지 길을 걷는 것인지
모를 것 같던 날들도 있었습니다.
골목 어귀 한그루 나무조차
어느 날은 꽃을 피우고
어느 날은 잎을 틔우고
무성한 나뭇잎에
바람을 달고
빗물을 달고
그렇게 계절을 지나고 빛이 바래고
낙엽이 되고 자꾸 비워 가는 빈 가지가 되고
늘 같은 모습의 나무는 아니었습니다.

문밖의 세상도 그랬습니다.

매일 아침 집을 나서고

저녁이면 들어오는 하루를 살아도

늘 어제 같은 오늘이 아니고

또 오늘 같은 내일은 아니었습니다.

슬프고 힘든 날 뒤에는

비 온 뒤 개인 하늘처럼 웃을 날이 있었고

행복을 느끼는 순간 뒤에도

조금씩 비켜갈 수 없는 아픔도 있었습니다.

매일 같은 날을 살아도 매일 같은 길을 지나도

하루하루 삶의 이유가 다른 것처럼

언제나 같은 하루가 아니고

계절마다 햇빛의 크기가 다른 것처럼

언제나 같은 길은 아니었습니다.

돌아보니 나는, 위험한 삶의 지류를 찾아서

밟고 살아온 모양입니다.

남들보다 빠르게 끝이 다다르는 길을 모르고 살았지만

삶을 힘들어 하는 이웃들과 호흡하며 부대끼면서

그렇게 그렇게 먼 길을 돌아온 모양입니다.

지금도 다른 문 밖의 세상들이 유혹을 합니다.

조금 더 쉬운 길도 있다고

조금 더 즐기며 갈 수 있는 길도 있다고
조금 더 다른 세상도 있다고,
어쩌면 "나" 라는 사람은 우둔하고 어리석어
힘들고 험한 길을 걷고 있는지도 모르지만
돌아보고 잘못된 길을 왔다고 후회한 적 없으니
그것만으로도 족합니다.
이젠 내가 가지지 못한 많은 것들과
내가 가지 못한 길들에 대하여
욕심처럼 꿈꾸지 않기로 합니다.
이젠 더 가져야 할 것보다
지키고 보살피며 가꾸어야 하고
잃지 말아야 하는 소중한 것들이 더 많습니다.
어느새 내 나이,
한 가지를 더 가지려다 보면
한 가지를 손에서 놓아야 하는 그런 나이가 되었으니까요.
내가 행복이라 여기는 세상의 모든 것들
이젠 더 오래 더 많이 지키고 잃지 않는 일이 남았습니다.
세상으로 발을 내딛는 하루하루
아직도 어딘가 엉뚱한 길로 이끄는 지류가
위험처럼 도사리고 있을지도 모릅니다.
나의 의지와 상관없이 흘러가는 삶도 남아 있어서

아직도 세상 속으로 문을 나서는 일이
위험한 일일지도 모릅니다.
하지만 위험스러울지라도
그 길이 참된 길이고
모두가 행복해 질 수만 있다면
전 그 길을 스스럼없이 택할 것입니다.
한참을 돌아 더디게 간다 할지라도
행여 진흙밭이라 할지라도
저는 웃으면서 그 길을 가려 합니다.

2007년 정해년(丁亥年) 새해 벽두에서... 나순자

목차 Contents

제1부

하나를 위한 둘의 준비

제2부

행복하기 위해 결혼하는 사람들…

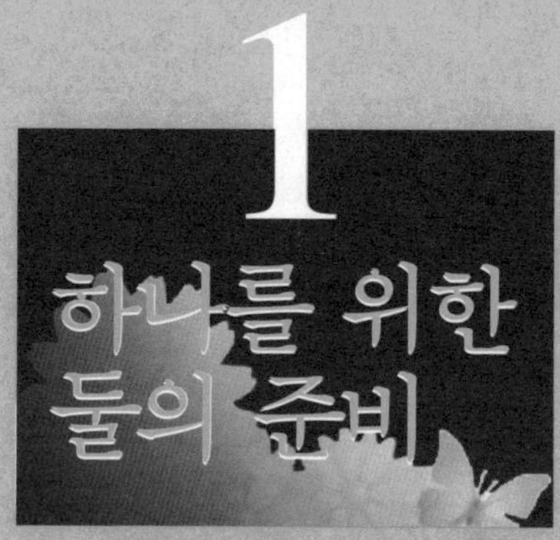

1 하나를 위한 둘의 준비

다섯 손가락

엄지 손가락은 심장에서 가장 가깝단다.
그러니까 먼저 너와 가장 가까운 사람들을 위해
기도하렴. 물론 너 자신을 위해 기도하고
사랑하는 가족과 친구들을 위해서도 기도해야 해.

집게 손가락은 무엇을 가리킬 때 쓰지.
교회나 학교에서 네게 진리를 가르쳐 주시는
분들을 위해 기도해야 해.
네 고민을 들어 주고 이끌어 주는 사람,
도움을 주는 사람들을 위해 기도해야 한단다.

가운데 손가락은 제일 길어.
각 부분에서 너를 이끌어 주는 지도자들을 위해
기도하고 회사와 나라와 각종 분야에서
책임을 맡고 있는 분들을 위해서 기도하는 것이지.

약손 가락은 제일 힘이 없어.
피아노를 쳐 본 사람은 다 알지.
약손가락을 꼽으면서 아픈 사람,
가난과 고통 중에 있는 사람들을 위해 기도하자.

새끼 손가락은 제일 작잖아.
학대받고 아파하는 사람들,
아무도 알아주지 않는 사람들을 위해서
새끼손가락을 꼽아 가며 기도하자.

(무명씨)

첫번째 마당

소중한 시간들

잊을 수 없는 내 안의 기억들을 꺼내면서

우리 주위에는 흔히 "보통 사람" 이라고 말하지만 남다른 삶을 사는 사람이 있다. 그들도 알고 보면 우리와 똑같은 과거와 현재, 미래 속에서 같은 삶을 살아간다.

누구에게나 간직하고 싶은 아름다운 일들이 있고, 소중한 사람들이 있고, 슬프고 괴로웠던 날들이 있기 마련이지만 그러한 시간들을 받아들이는 삶의 자세는 서로 다를 수 있다.

흔히 세상 사람들은 자신의 과거만은 남과는 다르다고 생각하며 남다른 의미를 담으려 한다. 실제로 남의 입을 통해서 얻은 간접 경험이 아닌 피와 눈물과 땀방울로 흠뻑 젖은 체험적 삶을 살아온 사람일수록 그들의 삶의 흔적은 우리사회의 교과서처럼 귀감이 되기도 한다.

나는 그처럼 남다른 삶을 살아오지는 못했다. 너무도 평범한 사람으로서, 남에게 베풀고 나눠주는 삶을 살아보려 노력했고, 지금도 그런 마음으로 세상을 살아가고 있는 것이 오늘의 나를 지탱해주는 버팀목이 되어 주지 않았나 생각한다.

나는 한반도의 땅 끝 해남의 한 시골 마을에서 태어나 어린 시절을 그곳에서 보냈다. 서울에서 고등학교 3학년 여름방학에 고향에 다니러왔다가 뜻하지 않게 결혼을 하고, 뭔가 해야겠다는 생각에 신혼 초에 양재기술학원을 다니고, 여자로서 사업에 도전을 해 나름대로 성공도 해 보고, 실패도 겪어 봤다. 나의 생활은 그야말로 배움과 도전의 연속이었고, 그런 세월들은 하나같이 놓칠 수 없는 소중한 시간들로 오늘의 나를 지켜주고 있다.

여고 3년 1학기로 끝난 배움의 한을 풀기 위해 경영대학원과 행정대학원을 수료하였으나 정상적으로 대학에서 공부하고 싶어 뒤늦게 대학입시 검정고시를 준비하여 마침내 2002년 3월, 40대 중반의 나이에 세 아이를 둔 아이 엄마로서 늦깎이로 19살인 막내아들과 같이 조선대학교 경상대학 무역학부에 입학하여 2006년에 졸업을 하였다. 어렵게 공부를 하면서도 사업과 봉사는 나의 곁을 떠날 수 없었다. 세월 아까운 줄 모르고 책과 학교에 매달리고 있는 시간 에도 사업과 봉사는 나에게는 더없이 소중한 것이요, 인생 자체이기 때문이다.

또한 내 생애에서 잊을 수 없는 것은 1980년 5월 18일이다. 나는 그 당시 광주에 있었기 때문에 5.18 민주항쟁을 직접 보고 겪은 사람이다. 시대의 아픔을 두 눈으로 직접 보고 많이 울었다. 슬퍼하고 울기만 해서는 안 되겠기에 사람들을 모아 김밥과 음료수를 들고 부상자를 돌보며 함께 고통과 아픔을 나누었다. 이러한 일들과 내 삶 속에 있었던 수많은 만남 속의 인연 모두가 내게는 잊을 수 없는 소중함으로 자리 잡고 있다.

어느 역사나, 어느 개인이나 명암이 있기 마련이듯 내 인생의 발자취에도 기쁨과 좌절, 환희와 고통이 날줄과 씨줄처럼 얽혀 있다.

차마 말로는 다 표현하기 어려운 시간들, 형용하기 어려운 사건의 연속들, 눈물만이 말해 주는 안타깝고 슬픈 일들….

그러나 지금은 그것들을 조용히 되돌아볼 시간들을 가질 만큼 삶과 마음에 여유를 가질 수 있어 위안이 되고 있다.

페르시아 이야기 가운데 이런 이야기가 있다.

어떤 사람이 여행 도중 특이한 점토를 발견했다. 그 흙덩어리에서 아주 좋은 향기가 풍겨 나왔다. 이상하게 생각한 여행객이 흙에게 물었다.

"아니 흙에서 어떻게 이런 좋은 향기가 날 수 있나요?"

흙덩이가 대답했다.

"내가 늘 장미꽃과 함께 있었기 때문이랍니다."

그렇다.

내 삶 속에는 어렵고 힘든 가운데서도 늘 장미가 함께 해 주었다.

결국 우리의 삶도 누구를 만나느냐에 따라 장미꽃과 같은 아름다운 향기를 발할수도 있고, 썩은 냄새를 풍길수도 있을 것이다.

삶의 향기를 품고 있는 내 삶의 기억들을 모아 본다.

두번째 마당

엄마! 밥이 너무 적어요

함께 나눠먹는 기쁨, 아름답고 소중했던 시절

내가 태어난 해남군 현산면 황산리 74번지 원진이라는 마을은 당시 60여 가구로 비교적 큰 동네에 속한 산골 마을이었다. 들길을 지나 산모퉁이를 돌고 돌아서 찾아가야하는 한적한 농촌이었다.

1950년대 후반, 당시 어느 집이나 마찬가지로 먹고 사는 것이 어려웠던 만큼 지독한 가난이 보통이던 그 시대에 나는 논 아홉 마지기와 아버지가 두부공장을 하셨던 관계로 밭이 5,000평이나 되는 중농의 집안에서 8남매 중 다섯째 딸로 태어났다.

위로 줄줄이 딸만 낳았던 어머니는 이번만은 아들을 보게 해 달라고 정화수를 떠놓고 빌었지만 또 다시 얼굴을 내민 것이 바로 나였다.

남아선호 사상이 강했던 그 시대에 5번째 딸인 나는 당연히 천덕꾸러기가 될 수밖에 없었다.

위로 줄줄이 딸만 낳은 어머니는 업보인양, 나까지 더해 호랑이 같은 시어머니로부터 더더욱 심한 시집살이를 당해야만 했다. 그런 가운데서도 다행인 것은 아버지가 자상하시고 온화하시며 성격이 좋아 남에게 베풀기를 좋아하셔서 우리 집은 동네 사랑방 역할을 하였다.

실제로 당시에는 모두가 살기가 어려워서 옷가지, 바구니, 그릇, 생선, 화장품, 머리빗, 소금 등 생활필수품은 무엇이든지 이고지고 이동네 저동네로 팔러 다니는 행상들이 많았는데, 그런 사람들은 때가 되거나 밤이 되면 먹고 자는 문제가 가장 컸었다. 당시는 여인숙도 시골에는 없었을 뿐만 아니라 있다하더라도 행상하는 처지에 돈 주고 밥을 사먹거나 더욱이 여인숙에 가서 잔다는 것은 상상도 할 수 없었다. 잠잘곳을 물으면 동네 사람들은 당연하다는 듯이 우리 집에 가서 묵으라 하였고, 우리 집 사랑채는 동네 사람은 물론 이렇게 갈 곳 없는 사람들의 하룻밤 숙소였고, 이런 사람들은 대부분 식사를 못한 경우가 대부분이었기 때문에 항상 식사도 무료로 제공하였다. 아버지는 그야말로 이렇게 남에게 베풀기를 좋아하셨을 뿐만 아니라 법 없이도 사시는 분이라고 칭찬이 자자하던 사람 좋은 어른이셨다. 또한 독실한 불교 신자로 1년이면 약 6개월 정도, 그러니까 1년중 반은 집을 비우고 해남에 있는 "대홍사"라는 절에 계시면서 공을 드릴 정도로 독실한 불자였다.

유유상종(類類相從)이라는 말이 있듯이 어머니께서도 아버지 못지 않게 손이 크시고 베풀기를 좋아하셨다. 어머니는 항상 "배고픈 사람을 도와줘야 그 공덕이 자손에게 간다."고 어린 우리들에게 입버릇처럼 말씀하시면서 매월 초 3일이면 어김없이 아무리 추운 겨울에도 목욕재계하시고 지성을 드렸다. 나는 그런 환경을 눈으로 보고 겪으며 자랐다. 가족의 소중함과 남에게 베풀고 위하면서 더불어 사는 행복이 무엇인가를 어렴풋이나마 깨닿던 시절이기도 했다.

초등학교 때는 글짓기 대회가 있었는데 혹독한 시집살이를 당하는 엄마를 보며 아픈 가슴을 그대로 옮겨놓은 "우리 엄마" 라는 제목의 글로 장원을 하기도 했으니 아이러니가 아닐 수 없다. 감수성이 풍부했던 나는 백일장 대회가 있을 때마다 장원을 거듭했다. 글 쓰는 재주가 조금은 있었던 것 같다. 이러한 것들이 나중에 교육신문 편집위원이라든지 문단에 등단하는 계기가 되고 이러한 자전에세이집을 내는 계기가 된 것 같다.

시골 초등학교 시절에는 유난히 사연이 많았다. 그 중에서도 도시락에 얽힌 이야기는 누구나가 한두 가지쯤 알게 모르게 가슴속에 묻어두고 살아가지 않을까 생각한다. 나 역시 마찬가지다. 어린 시절에는 창피하고 가슴 아픈 상처로 남아 있는 경우가 많지만 지금은 가슴 속에서 잊혀지지 않는 추억으로 자리 잡고 있다.

그때 그 시절에는 1, 2학년 때야 학교수업이 일찍 끝나기 때문에 도시락을 싸가지고 다닐 필요가 없었지만 3학년으로 올라가면서 2부제 수업이 있어 도시락을 싸가지고 다녀야하는 곤혹스러운 일이 많았다.

나는 다행히 농사를 지으면서도 두부 공장을 운영하셨던 아버지의 덕택으로 도시락 싸는데 큰 문제가 없었지만 주변 사정은 그렇지 못했다. 그 시절은 도시락을 싸가지고 다닐 형편이 안 되는 애들이 너무 많았다.

옆 자리에 앉아있던 동님이와 영순이, 영님이랑 연옥이는 점심시간만 되면 어디론가 사라지곤 했다. 도시락을 싸올 형편이 안 되기도 했지만 새까만 보리밥을 그대로 가지고 올 수도 없어서 점심시간에 밖으로 나가버리는 것이었다.

한 자리에서 공부를 같이 하다가 즐거운 점심시간이 되면 사라지는 친구들을 보고 철부지였던 나였지만 쓸쓸함과 안타까움을 어찌할 수가 없었다. 그래서 다음날 아침 일찍 부엌에 나가 어머니가 밥 짓는 것을 정성으로 도와드리고 나서 용기를 내어 말했다.

"엄마! 내가 크려고 그런지 어쩐지 요즘 밥이 너무 맛있어요. 꾹꾹 눌러서 많이 좀 담아주세요".

어느 어머니가 제 자식이 밥 좀 더 달라는데 거절하겠는가?

당연히 도시락 한 개에 넉넉한 밥이 담겨졌다. 등교하는 발걸음은 날아갈 듯 가뿐하고 즐거웠다.

그 날부터는 점심때 꽁무니를 빼고 밖으로 나가던 친구들을 불러 "애들아 내가 밥을 많이 싸왔으니까 같이 먹자. 응," 하고 사정을 했다. 그때 나눠먹던 그 밥이 어찌나 맛있었는지 지금도 그 맛은 잊을 수가 없다.

문제는 그 다음부터였다. 한참 크는 아이들이 점심을 나눠먹으면 젓가락이 서너 번 왔다 갔다 하는 사이 밥이 금세 동나버리는 것이었다. 그래서 이번에는 어머니에게 사정을 해 아예 도시락을 두 개 싸달라고 했다. 마음씨 좋은 어머니는 흔쾌히 도시락을 두 개 싸주셨고, 나는 그 도시락으로 친구들끼리 옹기종기 모여 앉아서 점심 나눠먹기를 계속하며 시골학교 다니는 즐거움을 가질 수 있었다.

지금 생각해 보면 "함께 나누는 기쁨, 더불어 사는 사회"를 그 때부터 알게 모르게 움을 틔운 것 같다. 받는 것보다 주는 기쁨이 훨씬 크다는 사실을 나는 그 때 깨달았다.

친구들과는 학교 갔다 오는 시간외에도 나무를 할 때나, 깔 망태기를 메고 들녘에 나갈 때나 항상 함께 다녀도 마냥 허물이 없었다. 그러면서도 어린시절 친한 친구 사이에서 생겨나는 유별난 경쟁심이 발동하면서 은근히 서로 지지 않으려는 모습으로 바뀌어 갔다.

그러던 어느 날 아뿔싸!

친구들과 함께 꼴을 베다가 손가락을 많이 베어 피가 펑펑 나는 사고가 난 것이다. 어린 시절에 피가 나면 죽는 줄만 알았던 우리들이었기에 나는 어찌할 바를 모르고 그야말로 피나는 손을 붙잡고 엉엉 소리내어 울고불고 난리를 쳤다. 망태기고 뭐고 내팽개치고 어찌할 바를 몰랐다. 그런데 바로 옆에서 꼴을 베고 있던 친구 정심이는 "그까짓게 뭐 대단한 일이냐"는 식으로 아랑곳하지 않고 꼴만 계속 베고 있지 않은가!

참으로 어처구니없고 한없이 밉고 야속했다. 나는 손을 베어 죽어 가는데 아랑곳하지 않고 혼자만 꼴을 베다니... "저 나쁜 가시내"라는 욕이 입에서 금방이라도 나올 것 같이 야속했다.

그런데 웬일인가!

얼마쯤 시간이 지나자 내 손가락에서 피가 기적처럼 멈추었다.

나중에 안 사실이지만 우리 몸속에는 혈소판이 있어 어느 정도 시간이 지나면 혈액이 응고되어 멈추게 되어있는 것이다. 혈소판은 혈액의 응고나 지혈작용에 중요한 역할을 한다. 지름 2~3 μm이며, 혈액 1mm 속에 약 30만~50만 개 들어 있다고 한다.

기적은 연속으로 일어난다고 했던가,

피가 멈추고 정신을 차리고 있는데 그렇게도 매정해 보이던 정심이는 그토록 많이 벤 꼴을 반으로 나누어 내 망태기에 차곡차곡 담는 것이 아닌가!

나는 그 때처럼 "나눔의 의미"를 실감한 적이 없었다. 원망과 미움은 진한 감동과 고마움으로, 야속함은 사랑으로 내 마음속을 요동쳤다.

철없던 어린 시절에 내 친구 정심이의 말 없는 행동에서 나는 "나눔"과 "배려와 베픔" 그리고 "우정과 사랑" 등 인생에 있어서 중요한 덕목들을 배운 것 같다. 아직도 내 손가락에 남은 그 날의 흉터를 보면 어김없이 정심이가 떠오른다. 정말 소중하고 값진 아름다운 내 어린 시절이었다.

그렇게 친구들과 지내면서 당시 가정 형편이 어려워 중학교 진학하기도 어려운 때 였는데 나는 중학교 입학하여 3년 동안을 내리 장학생으로, 납부금 한번 내지 않고 다녔다. 그러나 집안 형편이 점점 어려워지면서 고등학교 진학이 문제가 됐다. 진학이 어려워질 무렵 때마침 서울에서 살고 계시던 작은 아버지께서 할아버지 제사를 모시려 내려오셨는데 아버지가 안타까운 마음으로 심경을 털어놓을 기회가 있었다.

"저 애가 남녀 공학인 중학교에서 남학생을 제치고 전교 학생회장을 하고 있고 웅변대회, 백일장, 주산대회, 미술대회 등에서 수십 번의 상을 받아 왔고 장학생으로 학교를 다녔는데 고등학교 진학을 못하게 되어 안타깝다"며 한탄을 하시면서 고등학교 진학을 못하게 될 처지를 설명하셨다. 그 무렵 우리 집 벽은 내가 받아온 상장으로 도배되다시피 했기 때문에 작은 아버지는 금방 아버지의 말씀에 고개를 끄덕이셨다.

작은 아버지께서 "말은 낳으면 제주도로 보내고 사람은 낳으면 서울로 보내라는 말이 있습니다. 조카도 자식이고 이토록 똑똑하니 서울로 데려가 가르치겠습니다."라고 선뜻 대답하셨다.

그래서 해남 촌뜨기인 나는 서울로 올라가 동구여상에 진학했다. 당시 동구여상에서 성적은 아주 좋았다. 대기업에 취업 추천을 받기가 어렵지 않을 정도였다.

그러나 "운명은 우연을 가장해 찾아온다."는 격언이 있듯이 정말 우연이 취업을 앞두고 3학년 마지막 여름방학 때 모처럼 내려온 고향에서 지금 남편의 "구애 작전"에 말려 들어가 꼼짝을 할 수 없게 되고 말았다. 여고생이 원치 않는 임신을 하고 입덧을 심하게 하자 할 수 없이 학교를 그만두고 친구들이 상상도 하지 못하는 조기 결혼을 하게 된 것이다.

나를 가르치기 위해 서울로 데려가신 작은 아버지와 어머니, 아버지께는 평생을 두고 죄송한 마음을 가지고 살아왔고 지금도 불효자로서의 죄를 씻지 못하고 있다.

잘 키워 크게 되는 것을 보고 싶어 하셨던 기대를 잠시나마 어긋나게 했던 나의 잘못을 빌고 또 빌어본다.

"철없던 저의 과거를 용서해 주십시오."

결혼은 또 다른 삶의 도전을 만들고

아름다운 마음은 행운을 가져온다.

전화위복(轉禍爲福)이란 말이 있다.

이말은 사기(史記) 열전편(列傳篇), 관안(管晏)열전에 나오는 말로 저 유명한 관중(管仲)을 평하기를 "정치의 실재면에 있어, 번번이 화를 전환시켜 복으로 하고 실패를 전환시켜 성공으로 이끌었다. 어떤 사물에 있어서도 그 경중을 잘 파악하여 그 균형을 잃지 않도록 신중하게 처리했다."는 말에서 유래한다. 문자 그대로 화를 바꾸어 오히려 복이 된다는 뜻이다.

"옛날부터 성공하거나 일을 잘 처리했던 사람들은 화를 바꾸어 복이 되게 했고(轉禍爲福), 실패한 것을 바꾸어 공이 되게 하였다

(因敗爲功).”

어떤 불행한 일이라도 끊임없이 노력하며, 강인한 정신력과 불굴의 의지로 힘쓰면 불행도 행복으로 바꾸어 놓을 수 있다는 말이다. 그러나 오늘날에는 이 같은 노력과 불굴의 의지보다는 “전화위복이 될지 누가 알겠는가?”라는 말로 요행이 강조되어 쓰인다는 점이 안타깝다.

나이 어린 신부로 시작한 가난한 신접살림은 오히려 오늘의 나를 만든 계기가 되었다.

특별히 부족한 것을 모르고 자란 나에게 가난은 엄청난 환경의 변화를 주었다. 이러한 지독한 가난이 나에겐 오히려 자극이 된 것 같다.

시댁은 하늘만 쳐다보는 천수답 세 마지기를 경작하며 할머니, 시부모님과 남편을 포함 2남 4녀 도합 아홉 식구가 생계를 근근이 유지해왔다. 그런 가운데서도 시아버지는 꿈을 잃지 않고 못 배운 한을 풀기 위해 낮에는 작은댁에서 일하시고 밤에는 자신의 농사를 지으시면서 아들을 교육대학까지 보내셨다. 장남인 남편 하나만 가르치고 나머지 여섯 동생은 장남에게 가르치라고 샛걸이 빚을 주었던 셈이다.

결혼 초기 초등학교 교사인 남편의 봉급은 45,000원이었다. 저축은 꿈도 꿀 수 없고, 신방차릴 방도 제대로 없었을 뿐만 아니라 9식구 살기와 시동생들 학교 뒷바라지에도 벅차 미래에 대한 희망이 전혀 보이지 않는 그야말로 절망이었다.

그러나 기회는 준비한 사람의 것이다. 가만히 있으면 아무것도 일어나지 않는다.

나는 결혼 3개월 만에 무언가 하기로 결심하였다. "1%의 가능성, 그것이 나의 길이다. 숙고할 시간을 가져라. 그러나 일단 행동할 시간이 되면 생각을 멈추고 돌진하라."는 나폴레옹의 말처럼 나는 바로 행동으로 옮기기로 결심하고 시댁과 신랑의 양해를 구해 마침 광주로 시집와서 상당히 크게 포목점을 운영하고 있는 큰언니가 있었는데 그 언니 댁 조카들의 가정교사를 하면서 그 돈으로 기거와 등록금을 마련하여 광주 사직공원 아래 위치한 뉴 디자인 양재학원에서 의상 디자인을 배우기 시작했다.

6개월의 속성과정을 끝내고 곧바로 남의 의상실에서 한 달 동안 개인 특강을 받으며 연수를 하였다. 소위 창업 준비를 마친 뒤 1977년 남편의 학교가 있는 나주에서 딸의 이름을 따 "성아 의상실"을 개업하였다. 의상실을 개업하자마자 사람들이 밀려오는데 밤을 새워도 일을 다 처리하기가 힘들 정도였다. 그러면서 낙찰계 500만원짜리를 들어 시부모님께 동네 인근인 지금의 광산구 하남 일대에 밭 1,000평을 사드리며 효도도 할 겸 줄줄이 대기하고 있는 시동생들 교육에 보탬이 되도록 했다.

그런데 그해 밭을 사자마자 뜻밖에 가을 김장배추를 갈아 밭떼기로 팔아 뜻밖에 800만원을 벌었다. 또 그 이듬해에는 밭 1,500평에 김장배추와 무를 갈아 농사를 지었는데 강원도를 비롯한 전국이 이상기온으로 채소가 얼어버려 배추 값이 폭등하면서, 2,500만원이란 거금을 손에 쥐는 엄청난 수확을 올렸다. 이를 계기로 그 당시 벼농사만 짓던 광산구 하남 지역은 김장배추 특수작물 단지로 변하게 됐다. "네 시작은 미약하였으나 네 나중은 심히 창대하리라"(욥기8:7)라는 성경 말씀처럼 조그마한 계기가 특수작물단지의 도화선이 된 것이다.

하남지역은 황토 땅이라 배추, 무 등의 밭작물이 잘 될 뿐 아니라 달고 맛이 있는 비옥한 토질을 갖고 있어서 부자 동네가 되는 지름길을 찾은 것이다. 매년 조금씩이라도 저축하여 효도 좀 해보자는 정성이 지금은 10,000여 평에 달하는 농장과 과수원으로 변하게 된 것이다.

이 과정에서 나는 하나의 진리를 터득했다.

"아름다운 마음은 뜻밖의 행운을 가져다주고 과욕은 불행을 가져온다."는 것이다. 당시 시부모님께 효도를 위해서 마땅히 한 일이었지만 결과적으로 집안을 일으키는 계기를 만들게 된 것이다. 그러나 나주의 의상실이 잘 된다는 소문이 나자 집 주인은 "혼기가 찬 아들을 양재기술이 있는 며느리와 짝을 지어 놓았으니 집을 비워 달라"고 요구해 왔다. 하늘이 무너지는 것 같았다.

할 수 없이 4년 동안 경영해온 의상실을 내놓고 광주로 올라와 충장로 2가에 "샬롬" 이라는 의상실을 개업했다. 나주에서의 경험

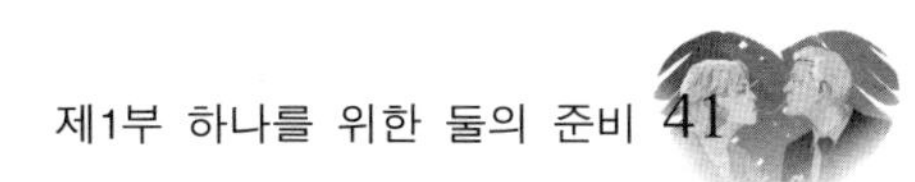

을 바탕으로 대도시 풍을 살려 열심히 연구하여 디자인하였다.

또 다시 전화위복(轉禍爲福)이 된 것일까.

뚱보 아줌마 옷이나 멋쟁이 옷, 특수한 옷 등의 인기가 알려져 불티나게 주문이 쇄도했다. 나주 손님뿐만 아니라 광주의 귀부인, 직장 여성 등 찾아오는 손님으로 하루도 쉴 날이 없었다.

"하느님, 감사합니다."

죽어라 일만 하더니

꿈은 또 다른 꿈을 꾸는 것인지……

의상실을 15년 동안 경영하면서 손님들과의 약속을 지키기 위해 끼니를 거르는 일도 부지기수였다. 그러자 몸에 이상이 왔다. 시름시름 아프면서 야위어만 가고 기력이 떨어져 심한 빈혈이 오기 시작했다. 영양부족과 과로가 비롯된 증세였다. 식물도 저당한 수분과 햇빛 그리고 자양분이 필요하듯이 사람도 적당한 일광욕을 해줘야만이 건강할 수 있다는 것을 그때서야 알았다.

지금 의학적으로 본다면 자궁근종, 일종의 물혹이 생겨 수술은 했지만 그 증세와 이 병은 전혀 별개였다. 지금 생각하면 병도 아닌데 그때는 죽을 병에 걸린 것으로만 알았다. 이런 말 있지 않은

가. 고생 고생하다가 살만하니까 죽게 되었다고……

죽음의 어두운 그림자 속에서 허우적거렸다.

하늘도 원망스러웠다.

애들 셋 낳고서도 산후 몸조리 한번 못한데다 하루 종일 서서 재단하고 나면 다리가 퉁퉁 부어 저녁에 잠자리에 들면 쑤시고 아파 잠을 못 이루는 날들이 수없이 많았다. 그러면서도 잠든 남편이 깰까봐 소리 없이 울면서 지샜던 밤들이 어찌 그리도 슬프고 길었던지 모른다.

그러던 중 평소 알고 지내던 동생 은숙이가 "아픈 몸으로 어떻게 의상실을 계속 운영하느냐. 죽기를 바라느냐"며 의상실을 자기에게 넘기고 쉬면서 병을 치료하라고 성화를 부렸다.

할 수 없이 그 동생에게 의상실을 넘겨주고 광주시 동명동 이상근 산부인과에서 수술을 받고 영양식을 먹으면서 안정을 취하자 몸이 정상을 되찾았다.

이렇게 한 두 해 쉬고 나니까 시간이 무료해지고 사람까지 무기력해지며 몸이 근질근질해져 왔다. 나는 무엇인가 일을 해야되는 체질인 모양이다.

이 무렵 성당에 다니는 "글라라"라는 친구는 나를 볼 때 마다 "친구야, 너는 노는 만큼 손해다. 너 같이 재주가 많은 유능한 사람이 놀면 개인적으로도 손해이지만 국가적으로도 큰 손해야. 어떤 일을 하더라도 친구는 크게 성공할 것이니 열심히 벌어서 불쌍한 이웃들을 돌보는 것이 더 의미있는 일 아니냐" 며 보채기 시작하자 그렇지 않아도 근질근질하던 차에 내 마음이 공연히 바빠졌다.

이놈의 팔자는 평생 일을 하라는 팔자인가…

무엇인가를 해야겠다고 마음에 준비를 하고 있는데 평소에 잘 알고 지내던 논노상사 모 전무님이 "논노가 부도 위기에 몰려 있는데 논노 물건을 인수해 판로만 잘 개척한다면 많은 돈을 벌 수 있을 것" 이라고 부추겼다.

인생에 있어서 기회는 언제든지 오는 건가 보다.

"우리에게 기회가 없다고 하지 말라. 기회는 그쪽에서 찾아오는 것이 아니라, 이쪽에서 발견해야 한다. 모든 기회는 그것을 볼 줄 알고 휘어잡을 줄 아는 사람이 나타나기까지는 잠자코 있다."는 로렌스 굴드의 명언이 생각났다.

나는 직감적으로 절호의 기회라는 판단을 내리고 물건을 사들이기로 마음먹고 준비에 나섰다. 어음과 현금을 합쳐 3억원을 만들어 논노 물건 일부를 인수해 광주시 북구 일곡동에 있는 창고에 보관한 뒤 시내 가게를 물색하던 중 광주세무서 건너편에 있는 땅을 빌려 120평 가건물을 지어 성도프라자라는 상호를 걸고 유명메이커 의류할인점을 오픈하게 됐다.

오픈하자마자 당시 원가의 8~11%에 들여온 논노 제품을 50%에 세일하여 팔았는데 하루 매출이 2,000~4,000만원까지 올랐다. 당시로서는 엄청난 판매고였다. 여기에도 성공의 비결은 있었다.

단지 파격적인 세일이라는 것 말고도 무스탕과 가죽제품 등 당시 중산층들이 선호하는 제법 고가의 옷들의 가격대가 잘 맞았고, 스포츠용 티와 바지, 등산용 추리닝 등 단품 종류는 포리팩도 뜯지 않은 신상품이었기에 고객들에게 대단한 장점으로 다가선 것이다. 게다가 당시 유명한 H백화점과 G백화점 등은 가격이 너무 비싸 아이쇼핑만 할 수밖에 없고 중산층과 서민들의 메이커가 있는 고급제품에다 가격이 실용적이어서 당연히 우리 가게로 몰리게 된 것이다. 그러한 메이커 바람은 강풍으로 불어왔다.

좋은 옷에 값도 싸다는 소문은 꼬리에 꼬리를 물고 돌아서 목포, 여수, 순천 등 도시뿐만 아니라 멀리 해남, 완도, 곡성, 여천, 구례, 정읍, 이리, 군산, 고창 등등 전남·북 일대권 사람들이 몰려왔다.

경영자인 나는 욕심을 더 부려 구색을 맞추기 위해 제일모직, 쁘랭땅, 미쏘니, 발렌시아가, 히포, 뱅뱅, 프랑소아저버 등등 메이커 제품을 덤핑으로 계속 사들여 판매량을 늘려나갔다. 이 무렵 월 순수익이 1억원이 넘었는데 그렇게 5년이란 세월이 번개처럼 지나갔다.

꿈은 또 다른 꿈을 꾸게 하는 것인지….

나는 또다시 용기를 내어 재테크를 겸해 무등시장에 있는 5층짜리 건물을 매입하고 그 인근의 주택들도 사들여 백화점을 경영할 구상에 착수했다. 또 나만의 상표로 브랜드를 특허 받아 패션 디자이너로 인정받고 싶었다. 그래서 "미니피피"라는 아동복 브랜드 특허를 받았다.

남대문 시장에다 가게와 공장을 내고 회사를 설립, 그토록 원하던 꿈을 실현하게 됐다. 97년에는 겨울방한복 생산라인에 5억원, 스키복 생산 라인에 5억원을 각각 투자, 여름 내내 생산해 놓고 겨울이 오기만을 기다렸다.

그런데 뜻밖의 불행이 닥쳐왔다. 우리나라가 외채를 갚지 못해 터진 IMF(국제통화기금) 사태, 1997년 12월 5일, 그해 겨울은 우리에겐 지독히 추웠고 나에겐 너무나 혹독했다. IMF바람이 전국적으로 불어 닥쳤다. 자금이 묶이면서 중산층들이 거리로 내 몰리는 참혹한 현실을 믿을 수가 없었다. 연일 매스컴에서는 "대한민국은 경제 식민지"라는 보도로 떠들어 대자 급기야는 전 국민의 소비심리가 꽁꽁 얼어붙었다. 설상가상으로 그해 겨울은 이상난동으로 봄처럼 따뜻했다. 10억원 상당의 물건이 2억원도 채 건지지 못하는 최악의 상황을 맞은 것이다. 그 때 은행 이자는 왜 그리도 비쌌고 인건비는 왜 그렇게도 높았는지….

백화점을 짓겠다던 야망은 한순간에 물거품이 되고 내 인생은 초라하기 그지없는 빈손으로 전락하고 말았다. 직원들 봉급 줄 날짜가 다가오는데 한 푼도 없는 금고만을 바라보아야 했던 그 절망처럼 쓰리고 아픈 마음은 이 세상에 더 없을 것이다.

내 소유의 건물이 넘어가고 내가 먹을 것이 없는 것은 뒤로하고

라도 내 직원들이 배고파하는 모습을 봐야한다는 것은 고통 중의 가장 큰 고통이었다. 한 달 내내 고생하여 월급 타는 재미로 사는 직원들이 두 달, 석 달 월급이 체불돼 가고 있는 것을 보고 있노라면 내 손가락이라도 잘라 주고 싶은 심정이었다. 이런 절망의 순간이 다시 온다면 차라리 눈을 감고 싶다. 이렇게 해서 내 꿈은 피워보지도 못한 채 IMF라는 거대한 블랙홀로 빨려 들어가 버리고 말았다.

다섯번째 마당

시련은 있어도 실패는 없다

죽음을 넘어서 인생이 보인다

몇 개월의 시간을 고통 속에서 보낸 뒤 1998년 5월, 마침내 가게와 공장, 회사를 모두 넘겨 밀린 임금과 부채를 깨끗이 정리하고 강남고속터미널에서 광주행 버스를 탔다.

서울 풍경을 뒤로한 채 차창 가를 바라보자 온갖 상념이 뇌리를 감싸고 돌았다.

"원래 인생은 무(無)에서 온 것이 아니던가, 아무 미련도 갖지 말자" 라고 스스로를 달래며 눈을 감았다.

그러나 하염없이 흐르는 눈물은 그칠 줄을 몰랐다. 눈을 감아도 온 몸을 뒤 덮을 것처럼 흐르는 눈물은 어찌할 수가 없었다.

그 뜨거운 눈물의 의미는 실패한 자만이 느낄 수 있는 깊은 어둠의 절망이었다.

그렇게 반가워하던 사람들의 따뜻한 시선들이 손가락질로 바뀌고 화려했던 웃음이 애처로운 눈길로 바뀌던 그 환상들….

아무도 알아주지 않을 것 같은 고향.

어제와 똑같은 고향이지만 실패한 나에게 있어서는 더 이상 따뜻한 고향이 아닌 것이다. 나를 거절할 리 없는 변함없는 고향 사람들이지만 왠지 부끄럽고 모든 사람이 나를 패배자로 쳐다보는 것 같은 느낌….

이 세상에 나 혼자 버려진 것 같은 고독과 오직 죽고 싶다는 생각밖에 들지 않았다.

그 쓸쓸한 마음으로 광주터미널에 내리자 정작 이 한 몸 갈 곳이 없었다. 그런데 내 몸은 나도 모르게 이미 무등산 속으로 들어가고 있었다. 무등산장으로 올라가는 시내버스를 타고 텅빈 버스 속에서 바라보는 운전기사의 뒷모습에서 쓸쓸함과 십자가를 진 듯한 인생의 고해가 느껴지는 순간 위로받고 싶고 위안받고 싶었던 나를 더욱 더 절망의 늪으로 빠져들게 하였다. 나 혼자만의 고독은 죽음보다 더한 고통이자 통곡이었다.

집도 없고, 친구도 없다. 더더욱 가진 돈은 한 푼도 없다.

아, 어쩌란 말인가….

패자에게 돌아온 굴레는 푸른 멍에다 피멍이다.
차라리 죽어야 한다.
그렇다고 그냥 죽어야 할까.
구걸을 해서라도 살아야 할까.
아니면, 아니면 죽었다가 다시 일어설까….
황무지에 걸레 조각처럼 버려진 내 인생
조각조각 모아 꿰매볼까.
첫걸음부터 다시 걷기로 할까.
그래 그래 그래….

무등산장 입구에서 내린 뒤 구멍가게에서 소주 2홉드리 한 병을 사가지고 산으로 올라가 풀밭에 자리를 잡았다. 또 한손에는 수면제 30알이 들어 있었다. 죽고 싶었다. 아니 죽을 수 밖에 없다고 생각했다. 나는 그때까지 한 방울도 마시지 못하는소주 한 병을 통째로 마시고 난 뒤 설움에 복받쳐 얼마나 울다가 술에 취해 잠이 들었다. 한 참 뒤에 눈을 떠보니 캄캄한 밤이었다. 죽은 것은 아니었다. 한모금도 못하는 소주를 먹고 인사불성이 되어 약을 먹지도 못하고 잠이들어 죽지 않은 것이다. 죽는 것도 타고나야 하는가 보다. 이것은 다시 살으라는 운명인 것 같았다. 어떻게 해서든 풀 한 포기라도 잡아야겠다고 마음을 가다듬었다.

그런데 그 깊은 어둠 속에서 나지막하게 울부짖는 소리가 들렸다.

"넌 살아야 돼, 넌, 다시 일어서야 돼, 넌 행복할 수 있어, 행복할 권리가 있어, 그 동안 얼마나 열심히 살아왔는데 이렇게 좌절할 수는 없어, 지금까지 가난을 이기며 시댁을 부잣집으로 만들어 놓고 시동생들 학업을 마치게 하고 어려운 사람들을 자기 몸처럼 돌보며 온갖 봉사도 서슴치 않고 다하지 않았는가…,"

그 소리는 나를 격려하고 다시 일어서라는 신의 계시였다. 칠흑 같은 어둠 속에서 가물거리는 희망의 불빛이었다.

깊은 어둠 속에서 누군가의 목소리는 쉬지 않고 나를 깨웠다.

"나순자, 아가다!" "아가다"는 나의 세례명이다.

너를 큰 나무로 만들어 크게 쓰기 위해 하느님께서 시련을 주시는 것일 뿐이야. 용기를 가져라.

인생은 이제부터다. 넌 어떤 일도 할 수 있어.

넌 용기와 지혜를 가진 여자야.

다시 일어서라 일어서…"

바로 그것이었다.

어둠을 뚫고 들려오는 이 목소리는 나순자를 다시 한번 일어서도록 만드는 하느님의 목소리였다. 갓난아이가 발가락에 힘을 모아 일어서는 것처럼 비틀거림 속에서 한 걸음, 두 걸음, 두 발로 다시 일어서게 만들었다.

"가자. 천천히 가자. 걸어서 가자. 멈춰있는 자는 아무것도 이루지 못한다.”

한번 실패한 자는 더 이상 실패하지 않을 자신이 있다. 실패를 맛보지 않은 자는 실패할 가능성이 더 많은 법이다. 한 번의 실패로 인한 그 쓰라린 경험은 무엇보다 더 큰 자산이다. 인생의 낙오자는 실패한 자가 아니라 포기해버린 자이다.

그 날 나는 지옥 같은 어둠속으로부터 한발 한발 빠져나오는 발걸음에서 “일어섬의 철학”을 깨달을 수 있었다.

“다시 시작하자. 시련은 잠시다.”

더 이상 좌절 속에서 방황할 시간이 없다. 반드시 일어서자. 나 자신을 이겨내야 한다. 빈손이며 혼자이기 때문에 더더욱 자신 있다. 지금까지 나를 외면한 사람들아, 나를 기다려 보라. 어느 날인가 나순자가 당당한 본래 모습을 보여줄 테니까… 그래. 그 날을 위해 일어서서 가자. 걸어가자. 앞으로 가자.

그렇게 다짐하며 새로운 출발을 위한 준비로 다시 하루하루를 긴장감 속에서 지냈다. 사회활동도 다시 시작했다. 마치 아무 일도 없었던 것처럼 지내려고 노력했다. 아무리 돈이 없어도 시댁에 밭 한뙈기 팔아보자는 이야기를 하지 않았다. 서울 압구정동에 살고 있는 부자인 언니한테도 도와달라는 말을 단 한마디도 하지 않았다. 그런데 또 하나의 고통이 주변에 따라 다녔다.

이전에 단 한 번도 신세를 져보거나 그들을 괴롭혀 본 적이 없는 내 주변의 사람들이 나를 외면하는 것이었다. 단돈 10원도 빌려본 적이 없고 밥값을 내라고 해본 적도 없는 주위 사람들이, 나를 그렇게 따랐던 사람들이 이제는 언제 그랬느냐는 듯이 피하고 눈길을 외면하는 것이었다. 정말 괴로웠다. 주위의 냉대는 사업상의 실패보다도 나의 가슴을 더 아프게 했다.

실패에 대한 아픔과 고통을 함께 나누기를 기대하는 것은 아니지만 슬슬 피하는 모습은 무척이나 나를 더욱 힘들게 했다. 어려울 때 우리는 주위로부터 따듯한 위로 한마디와 격려를 원하지만 현실은 항상 그 반대로 우리를 기다린다. 모든 것이 혼란스러웠다.

이럴 수가 있단 말인가. 그렇다면 지금까지는 인간 나순자가 좋아서 만났던 것이 아니라 먹고 놀고 즐기기 위해 만났더란 말인가. 나순자가 잠시 가졌던 돈의 위력을 보고 만났더란 말인가. 그리고 지금 그들이 나를 떠나는 이유는 아무 것도 없어서란 말인가?

이유 없는 절망과 배신감이 또 한 번 나를 고통스럽게 만들었다.

인간의 만남에 대해, 진정한 만남에 대해, 다시 한 번 절실히 생각하게 했다. 좋은 사람을 만나는 것은 신이 주신 축복이다. 그 사람과의 좋은 관계를 지속시키지 않으면 신이 주신 축복을 져버리는 것과 같다.

이러한 신념은 대인관계에 있어서 "신뢰와 믿음"을 최고의 가치로 여기게 만들었다. 사람을 대함에 있어 말로 만나는 것이 아니라 가슴으로 만나야 한다는 진리를 터득하게 했다.

그때 받은 느낌과 교훈은 지금도 좌우명처럼 항상 나와 함께 하고 있다.

"그 사람이 잘 나가든 못나가든 누구에게라도 진심으로, 평등하게 대하자. 사람 위에 사람 없고 사람 아래 사람 없다. 상대가 좋을 때보다 어려울 때 더욱 든든한 울타리가 되어주자."

나를 외면한 사람들을 향해 야속하다 말하지 말고 그런 사람들을 친구로 삼았던 나 자신에 대해 다시 한 번 반성하기로 했다.

그 후부터 눈을 크게 뜨고 사람의 옥석을 가리는 안목을 갖게 되었다. 시련과 좌절로부터 인간관계를 새롭게 바라보는 눈, 그리고 진실로 사람을 보는 눈을 갖게 된 것이다.

그러면서 또 하나의 신념을 가슴에 새겼다.

"만일 내가 닭을 친구로 사귄다면 땅을 후벼 파고 모이를 쪼아먹는 방법을 배울 것이고, 독수리와 벗을 한다면 하늘을 높이 나는 법을 배울 것이다" 라는 어느 책속의 글귀를 떠올렸던 것이다. 그 뒤부터는 나의 생활속에서 이 격언을 접목시켜 좋은 사람들과 만나서 교분을 나누며 살아가고 있다.

에이브러햄 링컨은 지독한 가난 때문에 초등학교 9개월의 학력에다 10살 때 어머니가 돌아가시고, 27살 때 약혼자가 죽는 불운과 사업실패 등으로 우울증까지 걸려 자살까지 하려고 했다고 한다. 그는 대통령이 되기까지 사업에 두 번 실패하고, 각종 선거에서 8번이나 떨어졌지만 좌절하지 않고 떨어질 때마다 "하느님이 나를 더 크게 쓰시기 위하여 잠시 시련을 주신 것이다." 라고 스스로 마음을 다스리며 한편으로 자기의 단점을 하나씩 극복해 마침내 대통령이 된 것이다.

그래서 에이브러햄 링컨은 미국의 역대 대통령 중에서 뿐만 아니라 세계에서 가장 존경받는 인물이 된 것이다.

이런 이야기가 있다.

미국의 유명한 조각가 데이비드 브랜너는 1센트짜리 동전에 링컨의 얼굴을 새기고, 이렇게 설명했다고 한다.

"링컨은 누구나 노력하면 기회가 주어진다는 상징입니다.

그는 고통과 실패를 이겨내고 빛을 찾아낸 대변인입니다.

그렇기에 시민의 주머니에 가장 많이 들어있을 동전엔 반드시 링컨의 얼굴이 필요합니다."

링컨도 실패를 거울삼아 새롭게 출발해서 성공하지 않았는가? 시련은 있어도 실패는 없다. 현대그룹의 창업자 고 정주영회장의 말이다. 나는 정주영 회장을 존경한다. 맞는 말씀이다. 시련이지 실패는 아니다. 내가 실패했다고 말하지 않는 한 실패는 아니다. 링컨처럼 새 출발이다. 나는 무등산 넘어 파란 하늘을 보며 입술을 깨물었다.

새로운 출발, 새로운 대인관계의 시작 속에서 나는 항상 웃음을 잃지 않았다. 가슴속은 울고 있었지만 언제나 웃음을 잃지 않았다. 아니 오히려 어려운 이웃을 새롭게 바라보는 눈을 뜨게 되었다.

1980년 5월 18일,

내가 가장 힘들었을 때, 새롭게 일어나려고 마음을 다지고 있을 때 운명처럼 내가 살고 있는 광주에서 공교롭게도 5. 18 광주시민 항쟁이 터진 것이다. 제6공화국에 들어서서 지금은 5.18광주 민주화운동이라 명명하고 동학혁명과 3.1정신 및 4.19학생혁명을 계승한 민주화운동으로 기록되었지만 그때는 폭도 취급을 하며 학생과 시민을 총칼로 짓밟을 때였다. 정말 끔찍하고 무서운 시절이었다. 그때가 내 나이 한참 젊은 26살 때 일이다.

밤새 들려오는 콩 볶는 듯한 총소리, 비명 소리, 민주화의 외침, 그리고 단전, 단수 등등 암운이 광주를 뒤덮고 캄캄한 무정부상태가 계속되는 날들이 이어질 무렵.

시민들은 마실 물이 부족하고 쌀조차 사 먹을 수 없는 절망의 시간들이 흐르고 있을 때 나는 운명처럼 이 나라 민주화 물결의 한 가운데에 서 있었던 것이다.

온 시가지가 공포로 가득한 절망의 상황에서 나는 본능처럼 나는 주먹밥과 김밥을 싸들고 도청으로 나가 데모대와 시민들에게 나눠주기 시작했다. 어려운 이웃을 생각한 것이다. 누가 가르쳐준 것도 시킨 것도 아닌데 나는 천성적으로 남을 돕고 나누는 것이 몸에 배어 있었던 모양이다. 나는 어린 아이가 둘이나 있는 가정주부로서 직접 데모 대열이나 시민군들의 대열에 직접 나서지는 못하더라도 그들의 주변에서 마실 물과 김밥을 줄 수 있는 것 또

한 우리 모두가 더불어 사는 옳은 일이라고 생각했다.

그 때 김밥과 주먹밥을 받아들고 허겁지겁 먹으면서도 누구의 손길인지 모른 채 오직 함께 나눠먹는 인정과 따스함으로 "아이고 감사합니다."를 연발하면서 인사를 주고받던 대학생들, 청년들, 아저씨들, 시민들….

타는 목마름 속에서 나눠먹는 물 한 바가지의 정겨움, 허기진 온몸에 건네지는 주먹밥 한 덩이, 텅 빈 쌀통을 바라보는 어머니의 가슴에 담겨지는 이웃의 쌀 한 되박의 의미를 다시 한번 깊이 되새겼다.

그렇다.

"함께하는 삶, 나눔의 삶"의 아름다운 의미는 겪어 본 사람만이 알 수 있는 법이다.

그런 시절을 지낸 뒤에 저는 소외되기 쉬운 도심의 한쪽 구석에서 배고픔에 굶주리며 남에게 무엇을 달라는 소리조차 내지 못하고 있던 노인들이나 고아들을 찾아 나서기 시작했다.

그것은 봉사 인생을 위한 또 하나의 힘찬 출발이었다.

5.18 민중항쟁이 나에게는 다시 한번 옳은 삶의 방향과 이러한 봉사의 길을 걷게 만드는 계기를 제공해 준 것이다.

여섯번째 마당

또 하나의 시도

주류 판매에 희망을 걸고

어느날 우리 21세기여성봉사회 회원인 서순심씨 남편이 고혈압으로 쓰러져 조선대학병원 신경외과에 입원했다는 소식을 듣게 되었다.

이틀 후 동료와 함께 병문안을 갔는데 순심씨가 "갑자기 남편이 쓰러져 불구가 될지도 모른다."는 절망 섞인 목소리 끝에 병세 때문에 금남로에 운영하고 있던 가자주류백화점을 임시 문 닫을 형편이라며 태산 걱정을 하고 한숨을 쉬어 대더니 그 가게를 인수해 달라며 나에게 간곡히 부탁해 왔다.

"나 회장께서는 오랫동안 사회활동을 해 왔고 지인들이 많기 때문에 가자주류를 인수하면 안성맞춤일 것입니다. 양주는 일반 서민들이 먹는 술이 아니기 때문에 아무나 할 수가 없습니다. 저를 좀 도와주십시오. 남편 병세가 하루 이틀에 나을 병도 아니고 반신불수로 대소변을 받아내야 하니 앞이 캄캄합니다. 나 회장님이 운영하시면 반드시 성공할 것입니다."라며 앞으로 양주 소비량도 늘어날 것이란 전망까지 설명까지 하는 것이었다.

듣고 보니 사정이 너무 딱하고 막막하였다.

그러나 20여 년 동안 패션 업에만 몰두해 왔던 내가 다른 사업을 한다는 것이 쉬운 일은 아니었다. 또한 당시 주류사업을 인수해 새롭게 사업을 시작할만한 자금력 또한 있지 않았다. 그러나 순심씨의 사정이 딱할 뿐만 아니라 주류백화일이 시급한 상황이었다. 나의 가능성과 능력을 인정해 준 서순심 회원의 기대에 부응도 하고 싶었고 솔직히 나의 능력과 가능성도 다시 실험해 보고 싶었다. 무엇보다도 이대로 주저앉을 수는 없었다. 다시 도전해서 재기하고 싶었다. 조사해 본 결과 주류사업은 재고와 유행이 없기 때문에 조금만 노력하면 성공할 수 있을 것이란 생각이 들어 가게를 인수하기로 마음을 먹었다. 문제를 인수할 자금, 즉 돈이 문제였다.

그러나 뜻이 있는 곳에 길이 있다고 했던가.

그 무렵 공부는 싫어하고 친구들과 어울려 놀기만 좋아하던 내 큰 아들 남해가 어려서부터 엄마가 하는 일을 어깨너머 배운 솜씨로 선진국에서 학생들과 젊은층에게 유행하고 있던 힙합패션을 디자인하여 광주에서 대유행을 시키면서 어엿한 사업가로 변해 있었다. 조선대학교 공대 금속공학과를 합격하여 1학년 1학기말에 휴학계를 내고 21살에 패션사업을 시작해 3년, 비록 벌 수는 있었으나 관리 할 수는 없었던 시기였지만 아빠가 잘 관리하여 2억5천여만 원이라는 크나큰 돈을 가진 부자가 되어있었다. 나는 돈이 없었지만 아들과 아빠는 부자가 되어 있었던 것이다.

남들은 실패한 나를 보고 슬슬 피했지만 가족만큼은 나를 버리지 않았다.

주류사업 인수 때문에 고민하고 있던 나는 남편과 아들에게 또 한 번의 기회가 나에게 주어진 것 같다며 주류사업을 할 수 있도록 도와달라고 요청하고 이해를 시켰다. 남편과 아들은 나의 기대를 저버리지 않았다.

그 어린 녀석이 "엄마가 하고 싶어 하는 사업 한번 해 보세요."라며 열심히 번 돈 2억원을 내 두 손에 꼭 쥐어주는 것이 아닌가! 나는 하늘에 감사하며 내 사랑하는 아들이 내 손에 꼭 쥐어진 돈을 들고 다시 한번 사업에 대해 차분히 정리해 보았다.

"각계각층에 계신 지인들이 이 사업의 고객이 될 수 있다. 어차피 그 분들도 양주 선물 정도는 필요로 할 것이고 또 일반인들에게도 괜찮은 선물이 될 수 있다. 멋진 영업기술을 발휘해 보자."라는 것이 나의 생각이었다.

그렇게 주류 사업은 시작했다.

어렵게 새 사업을 결단한 뒤 2년 동안 꾸준히 판매망을 확장하고 개발했다. 부지런히 발품을 팔고, 홍보를 강화했다. 판매량이 늘어나면서 본사로부터도 인정을 받게 되었고 마침내 가자주류 광주본점을 승인 받아 호남권에서 규모가 가장 큰 가자주류백화점으로 확장 이전하게 되었다.

와인의 경우 일정한 온도를 유지해야만 제 맛을 내는 특성이 있기에 호남권에서 최초로 와인셀러(와인 저장고)를 설치하고 와인의 참 맛을 체험할 수 있는 기회를 제공하는 시음장도 마련했다.

술이라곤 맥주 한 잔도 마실 줄 모르던 내가 주류백화점을 운영한다니까 웃는 사람도 많았지만 한번 사업적으로 결심한 이상 최선을 다할 수밖에 없었다. 그래서 술도 배웠다. 한 잔씩 음미하며 맛을 느낄 줄 알게 된 것이다.

이제는 가끔 나 스스로 와인을 한잔씩 즐기며 인생의 여운을 느껴보기도 한다. 언젠가는 소주 한잔을 기울이며 우리의 이웃, 우리의 동료들과 술로 어울릴 수 있는 날들이 종종 있기를 기대해 본다.

일곱번째 마당

시련은 나눔의 평화를 생각하게 한다

참된 봉사를 꿈꾸며

어린 초등학교시절 점심도시락을 못싸온 친구들과 도시락을 나누어 먹던 추억과 깔베기에서의 친구 정심이의 행동 그리고 5.18 광주민주화운동 등을 보고 겪으면서 체험했던 봉사와 나눔정신들은 어려울 때 나를 깨우치고 일으켜 세우는 커다란 힘이 되었다. 그때의 나눔과 봉사 정신이 지금 내가 "21세기여성봉사회"를 이끌며 이 사회에 봉사할 수 있는 자리를 만들고 떠날 수 없도록 만드는 계기요, 힘이다. 사회생활을 하면서 "봉사" 라는 이념을 한평생 따라갈 수 있었고 20여년을 한결같이 어려운 이웃을 나의 아픔처럼 생각하며 생활할 수 있었다.

지금 우리 주변에는 사실 봉사단체라고 이름은 붙어 있지만 순수한 봉사 목적보다는 친목, 만남, 그리고 이해관계로 얽혀져 있는 단체도 많이 있다. 그러한 단체들을 볼 때마다 나는 진정한 봉사의 정신을 잊어서는 안 된다는 각성을 한다.

나는 진정한 의미의 봉사를 할 수 있기를 바란다. 본래의 취지가 퇴색되지 않는 봉사, 남에게 보이기 위해서가 아니라 도움의 손길이 필요한 곳에 아무 조건 없이 찾아가서 손발이 되어주는 "참된 봉사"를 하고 싶다.

그래서 2001년 전업주부와 여성 사업가, 직장인 등 150여명으로 구성된 21세기 여성봉사회를 창립했다. 혹자는 "아줌마들이 무슨 봉사냐, 설령 봉사를 하면 얼마나 큰 봉사를 할 수 있겠느냐?"고 비아냥거리기도 했다.

하지만 나는 봉사란 내가 잘 할 수 있는 것, 그리고 많지는 않지만 내가 가지고 있는 조건안에서 남에게 베풀고 나누어 주는 것이라고 생각한다. 흔히들 봉사라 하면 큰 일, 또는 멀게만 느껴지는 것으로 알고 있다. 또 나의 일이 아니라고 치부해 버릴 수도 있다. 실천하는 것을 두려워하며 엄두도 못 내는 경우도 있다.

우리 "21세기 여성봉사회"는 이러한 시각과 편견을 보란 듯이 일소하고 오늘날까지 사회 곳곳에서 보이지 않는 봉사로 일관하고 있다.

봉사는 어려운 것이 아니다.

하느님께서 누구나 한 가지씩은 베풀 수 있는 특기와 장기를 주셨다. 남의 머리카락을 손질해 줄 수 있는 기술, 남의 아픔을 치료해줄 수 있는 기술, 남의 집을 고쳐줄 수 있는 기술, 남을 즐겁게 해 줄 수 있는 특기, 남을 가르쳐 줄 수 있는 지식 등등 봉사의 요소들은 헤아릴 수 없이 많다. 한마디로 실천의 의지만 있으면 남을 위해 쓰여 질 봉사의 종류는 무한하다고 말할 수 있다.

우리가 각자의 특기와 장기를 서로 나눔으로써 사회의 그늘지고 소외 받는 이웃들에게 빛이 되고 희망이 되는 길이 분명히 있다.

자랑 같지만 거동이 불편한 시부모님을 한결같이 모시는 모습을 본 동네 어르신들이 적극 추천하여 서울 효도회로부터 정말 과분한 "효부상"을 받기도 했다.

마땅히 해야 할 도리를 했을 뿐이지만 어르신들이 추천해 주시는 것이라 사양하지 못했다. 어르신들의 추천을 거절하면 오히려 불효가 될까봐 고민스러워 하기도 했지만 더 열심히 봉사하고 예쁘게 살라는 격려로 받아들이기로 했다.

그러면서 따뜻한 정에 굶주린 젊은이들에게 친근한 누나, 포근한 엄마로서 상담을 해 주며 짝을 찾지 못한 주위의 외로운 청춘남녀를 맺어주어 행복의 나래를 펼 수 있도록 가교 역할도 해왔다.

비행 청소년들이 하나 둘씩 가정으로 되돌아가고, 가정이라는 울타리 속에서 행복한 웃음소리로 화답해올 때나 짝을 찾아 가정을 이루고 엄마 아빠가 되어가면서 행복하다는 말 한마디 전해 듣는 것이 나에게는 최고의 선물이자 보람이었다. 오랜 시간을 봉사 인생으로 살아가는 나에게 주어지는 최고의 찬사이자 영광이었다.

지금도 내가 시간이 나면 찾아나서는 곳은 광주 시민공원 "사랑의 쉼터"이다. 오갈 데 없는 노인들끼리 만나 담소하고 젊은 시절을 회상하며 "젊은 시절 나만의 무용담"을 즐기는 곳이지만 사실은 식사 한 끼도 제대로 때우기 힘든 사람들이 많다.

그래서 봉사 회원들과 뜻을 모아 정기적으로 먹거리를 준비하고 단 몇 시간만이라도 그들과 함께 보내고 행복한 시간을 마련해 주고 있다.

때로는 회원들과 함께 십시일반으로 쌀을 모으고 김치를 담가 한 겨울을 보낼 준비를 해드리기도 하며 때로는 어르신들에게 흥겨운 놀이마당을 열어 드리기도 한다.

웃어른을 공경하고 어린아이를 돌보아 주는 일은 예로부터 우리가 마땅히 해야 할 도리라고 생각해왔다. 이런 일들이 봉사하는 삶으로 비춰진다는 것이 오히려 나를 부끄럽게 한다.

하지만 세월이 지나면서 다시금 생각해 보건대 우리는 작은 사랑으로도 얼마든지 행복을 느끼며 살 수 있음을 알았다.

세상은 사랑으로 넘쳐나는데 그 사랑을 아직 찾지 못해 안타까운 세월을 보내고 있는 젊은이들이 아직도 많은 것 같다. 사람과 사람의 소중한 만남을 이어주어 행복한 가정을 이룰 수 있게 가교 역할을 한다는 것 역시 참다운 봉사의 마음이 없으면 안 된다는 생각을 한다.

그러고 보니 내가 손수 맺어준 청춘남녀가 벌써 40여 쌍이 넘는 것 같다. 그들이 가정을 이루고 행복의 울타리 안에서 살아가는 모습들을 보면 정말 보람을 느낀다.

주위 사람들은 외롭고 고독한 사람들의 사연을 희망으로 엮어 주는 본격적인 사업을 권유하기도 하였다. 그래서 이 역시 또 다른 봉사다 생각하고 새로운 길을 찾아 나섰다.

사랑을 이어주는 전령사....

행복한 가정을 일구게 해주는 행복 배달부의 중책에 나서기로 마음먹었다. 이 같은 소망을 안고 2000년에 사랑과 행복을 찾아 이어주는 결혼정보회사인「코리아웨딩스쿨」을 설립한 것이다.

누구나 그렇겠지만 나는 내 운명을 믿는다.

남이 보기에는 외형적 화려함만을 보고 어려움 없이 승승장구한 사람처럼 보였을지 몰라도 나는 날마다 그리고 매 순간마다 내 자신을 벼랑 끝에 세우고 살아왔다.

하루하루 내게 주어진 시간은 내 맘대로 사용할 수 있는 것이 아니다.

새벽부터 밤늦게까지 일에 매달리다 때론 식사를 거를 때가 있는가 하면 억지로 두세 번을 먹어야 할 때가 있다.

이 고통은 아무도 모른다.

심지어 피를 나눈 형제도 내 자식조차도 알지 못한다.

CEO의 길을 걷는 사람이라면 다 그렇겠지만 겉으로 화려하게 보이는 이면에 숨겨진 어려움과 고통이 많이 있다. 외로운 결단을 요구할 때도 많이 있다. 특히 여자 CEO 경우는 가정과 사회에서 요구하는 시간과 환경 스트레스가 더 가중되기도 한다. 혼자 있을 때는 많이 운다. 나는 외부에서 일 욕심 많고 한 번 목표를 세우면 꼭 달성하고 마는 억척 여성, 남자도 못 따라가는 통 큰 여자라고 말하지만 이면에는 눈물이 많은 사람이다.

그러나 내가 하는 일들이 그야말로 정신과 행동, 시간을 무리해 가면서 능력의 임계점을 뛰어 넘는 극한의 상황에 나를 세우고 초인적인 힘을 발휘하지 않으면 불가능한 일들이었다.

그러면서 나는 내 자신을 지켜주는 운명의 힘을 믿었다.

금방이라도 떨어질 것만 같은 벼랑 끝에 서서 배수진을 칠 때에도 나는 운명이 내편을 들어주리라고 확신했다.

특히 21세기는 "오너의 브랜드가 기업의 이미지"인 시대이다.

마이크로소프트사보다는 빌게이츠가, 안철수연구소도 역시 연구소보다 안철수가 더 알려져 있는 것처럼 기업보다는 오너의 이미지를 더 중시하고 있고 오너의 이미지가 나쁘면 기업의 이미지까지 덩달아 나빠지는 것이 기업의 세계다.

오너의 이미지가 곧 기업의 브랜드 파워인 것이다.

이 때문에 나도 "나순자"가 하는 기업이라는 내 이름 석자를 브랜드로 앞세워 정직하고 믿음주는 회사, 고객으로부터 신뢰의 잔

고가 쌓아가는 기업, 사원들과 함께 더불어 발전하는 기업을 만들겠다고 결심하고 실천하고 있다. 이것은 내 기업운영의 좌우명과도 같다. 학문의 비조라 할 수 있는 고대 그리스 철학자 아리스토텔레스도 어떠한 성공도 정직(Ethos)이 뒷받침되지 않으면 누상의 집같이 오래가지 못한다는 말을 나는 명심하면서 기업을 경영한다. 어떠한 경우에도 책임윤리에서 엄격하게 말이다.

또 "나와 사원들과 고객들이 상호협력해서 함께 번영하며 가치 있는 삶을 추구하자!"라는 상생 파트너십을 기조로 경영에 임하고 있다.

주)코리아웨딩스쿨이라는 상호를 걸고 많은 고민에 빠졌다.

정말 가난하고 소외된 그들에게 짝을 찾아주는 일이 기업이 될 수 있는가!

공익성과 기업성의 두 개의 씨줄과 날줄이 엮어져야만이 사원들과 함께 공존할 수 있다는 진리를 깨닫게 되었다.

나는 사원들을 채용함에 있어 학벌이나 신분을 따지지 않는다.

가장 중요한 것은 혁신을 위한 열정과 창의적인 사고 그리고 따뜻한 가슴이다.

자기의 꿈을 성취하고 자아를 실현하겠다는 강인한 의지 그보다 더 중요한 것은 EQ(감정지수)가 있는 사람 즉, 감성이 풍부한 사람, 눈물이 많고 가슴이 따뜻한 사람들을 채용했다.

아무리 능력이 뛰어나다고 할지라도 변화, 더 나아가 스스로 혁신하겠다는 의지가 없고 안주하는 사람과는 함께 할 수가 없다.

변화와 혁신의 의지가 없는 사람들이 와서 사무실 의자를 채운들 무슨 의미가 있겠는가?

사과 상자안에 썩은 사과 한 개가 있으면 금방 상자내의 모든 사과가 다 썩듯이 사원들 중에 변화와 혁신의 의지가 나약한 사람이 한명이라도 있으면 나머지 사원들도 쉽게 나약해진다.

세계는 지금 급격하게 변화하고 있다.

어제의 지식과 정보가 오늘 소용이 없는 경우가 허다하다.

지난해, 그러니까 2006년 9월에 세계적인 경영석학 톰피터스가 내한해 우리나라 최고경영인들게 글로벌CEO 리더십에 대해 강의할 때의 화두도 바로 혁신(革新)이었다.

그에 의하면 세계적인 글로벌기업 즉 MS, GE, 도요타, 삼성 등 어떠한 세계적인 기업도 혁신하지 않으면 도태될 수 밖에 없다는 것이다. 세계적인 굴지의 기업이 그렇다면 우리 중소기업은 더 말할 나위가 없다. 스스로 개인 한사람 한사람이 혁신하고, 조직이 혁신되고, 경영이 혁신되어야 한다. 결혼 상담소도 비즈니스와 상담기법도 혁신되어야 고객에게 더좋은 서비스와 만족을 제공할 수 있고 회사도 성장하는 것이다. 그렇게 하기 위해서는 공부해야한다. 특히 책을 가까이 하는 것이 중요하다.

"우리는 남과 다르고 무언가 다르다"라는 자세와 긍지 이것은 개인과 회사 활력의 원천이 되고 고객에게는 신뢰로 다가갈 것이다. 그리고 회사는 고객과 함께 성장하리라는 것이 내 믿음이다.

나에게는 내 가족 못지않게 소중한 또 다른 식구가 있다. 바로 회사 직원들이다. 나는 우리 회사의 식구들만 떠올리면 금방이라도 눈시울을 적실만큼 고마움을 느끼면서 살아간다. 그들의 웃음과 용기와 열정이 있기에 오늘의 나순자가 있기 때문이다. 늘 감사하다. 그러면서도 곰곰이 생각해본다.

무엇 때문일까?

작은 꽃이 아름답다고 하던데 내가 작아서 일까? 아니면 모질게도 혹독한 겨울을 잘 견뎌낸 작은 꽃처럼 실패의 쓰라림을 이겨냈기 때문일까? 그도 아니면 정상에 서 보겠다고 몸부림치는 내 뜨거운 가슴의 진동을 하느님이 들어주신 것일까?

여러 가지 부족한 나와 함께 생사고락을 함께 하자며 나에게 한없는 힘이 되어주는 소중한 사람들….

나는 일벌레이다.

아니 일 중독자일 정도로 일하고 있다.

평생 그렇게 살아오나보다.

나는 일을 많이 하라는 숙명을 갖고 태어난 줄 만 알기 때문에 조금도 일을 피할 생각은 없다.

아니 오히려 철저하리만큼 즐긴다.

병고로 의상실을 그만 두고 잠깐 쉬는 동안 하루 하루가 그렇게 길고 지루하게 느껴질 수가 없었다.

나는 머리카락이 잘린 삼손처럼 무기력하게만 느껴졌다.

다시 일을 시작했을 때 고기가 물을 만난 것처럼 너무 기쁘고 그야말로 살맛이 났다.

일은 신이 내게 주신 은총이며 선물이라고 생각한다. 늘 감사한 마음으로 일에 임하고 있다.

20여명의 회사 식구들은 언제나 나의 동반자요, 동업자이다. 그들 위에 있기보다는 맨 앞에 서서 동반자의 미래를 이끌어 나갈 것이다. 배우면서 일하고, 일하면서 배우는, 재능이 아니라 철두철미한 시스템과 열정으로, 더 높이 더 멀리 희망을 향해 창공을 훨훨 날아갈 그 때까지 최선을 다할 것이다. 또한 내가 가는 길에 기라성 같은 광주의 어르신들이 버팀목이 되어주셨다. 내가 하는 일에 힘이 되어주기 위해 고문과 자문위원으로 참여해주신 분들이 많다. 나에게 격려와 도움의 말씀을 주셨던 분들을 한 분 한 분 다 열거할 수는 없지만 참여를 수락해주시면서 남기신 말씀 한마디 한마디를 잊지 않고 실천해 나갈 것을 이 글을 빌어 약속드린다.

특히 광민 스님께서는 불가의 스님들은 중매를 하지 못하게 불전으로 정해져 있어 조심스럽다하시며 성실히 예쁘게 살아가는 내 모습이 아름다워 거절을 할 수가 없어 수락해 주신다면서 너털웃음을 지으셨다.

또한 로마노 신부님께서는 나에게 "이 사회에서 꼭 필요한 일을 찾아서 하라."는 말씀과 더불어 "정말 어려워 누구도 감히 용기도

낼 수 없는 일을 하기에 기특하다." 하시며 최선을 다해 도와주시겠다는 약속까지 해 주셨다. 내게는 너무나도 소중하고 고맙기 그지없는 하늘같으신 분들이시다.

그 무엇을 준다 해도 이 한 분 한 분의 도움이나 격려와는 절대 바꿀 수 없음을 잘 알고 있다.

광주를 이끌고 지켜오신 분들이 미미하기 그지없는 내가 하는 일에 이렇게 선뜻 나서주시고 용기를 북돋아 주신데 대해 한없는 감사를 느낀다. 거목의 향운을 피부로 느끼면서 그 분들과의 만남을 감사드릴 뿐이다.

정직함과 성실함으로 한 걸음 한 걸음 누가 되지 않는 길을 걸어 갈 것이다.

그런 마음가짐으로 그 분들의 존함을 다시 한 번 마음속에 되새겨 본다.

<코리아 웨딩스쿨 고문위원>

◇ 김종남(로마노) 신부(천주교 광주대교구)

◇ 방철호 목사(광주광역시 사회복지협회회장,
광주시민사회단체 총연합 대표회장, 성결교회 담임목사)

◇ 광민 스님(대한불교 조계종 광주주지연합회장, 무각사 주지)

◇ 염홍섭 회장(광주전남 경영자총연합회장, KBC광주방송회장)

◇ 정병섭 변호사(국제인권옹호협회회원, 광주고등법원민사조

정위원)

◇ 박종수 총재(대한치과의사협회 감사, 국제라인온스355B-1지구총재)

◇ 조영수 원장(전남고시학원장, 충장동 자치위원회위원장)

◇ 차일헌 박사(한국 세무사학술회 부회장)

◇ 김정웅 회장(시인, 수필가, 문학평론가, 세계시문학연구회 회장)

◇ 김계윤 원장 (김정형외과 원장, 나주계산원 이사장님)

◇ 김지열 박사(전남대의대 핵의학교수, 핵의학 박사, 한국키틴·키토산학회 부회장,)

◇ 김양례 회장(여성단체협의회 前회장)

◇ 이화성 박사(호남대학교 이사장, 청전가든백화점 대표, 미국펜실베니아주 요크대 명예법학박사)

◇ 한영 회장(한국어머니회 회장, 범죄예방 여성협의회 회장)

◇ 현중순 교수(세계 한민족 평화통일협의회 부총재, 한·중 여성교류협의회 광주·전남 회장)

<자문위원>

◇ 박성수 교수(한국 산학협동연구원장, 전남대학교 경영대교수)

◇ 김규옥 목사(청소년과 노인의 사랑의 쉼터 '빈들회' 대표)

◇ 김귀석 교수(조선대학교 외국어대학 영문학과장)

◇ 배광열 이사(광주예총 이사, 21C포토포럼 이사)

◇ 임종훈 목사(사랑마을교회 담임목사, 국제결혼2세돌봄후원회 고문)

◇ 최병일 교수(경희대학교경영대학원겸임교수, 코리아결혼상담사협회자문위원)

◇ 박준수 박사(커뮤니케이션학, 광운대, 화법과 토론문화연구소장)

◇ 조육현 교수(한국사회교육원 원장)

◇ 고문 신순범 의원(전 4선국회의원 (사)만광장학회 이사장)

◇ 김현정 회장 (사)심리상담 협회장 <무순>

국제결혼 연결은 사업이 아닌 봉사

21세기 글로벌 시대 2세까지 돌볼 각오로

인도의 아버지 '마하트마 간디'가 어느날 기차를 타기 위해 역에 도착했다.

그런데 출발시간이 임박해 도착하는 바람에 숨 돌릴 틈도 없이 서둘러 기차에 올라타는 순간 그만 신발 한 짝이 벗겨져 플랫폼으로 떨어지고 말았다.

"아이고, 이를 어쩌나"

수행원들이 놀라 어쩔 줄 모르자 간디는 태연히 남은 신발 한짝을 벗어 그 플랫폼으로 힘껏 던졌다.

"아니 어쩌자고 남은 신발마저 벗어 던지십니까?"

수행원들이 묻자 간디가 말했다.

"아까 떨어뜨린 신발 한짝은 주운 사람에게도 소용이 없고 또 남은 이 한짝 신발도 내게는 필요 없는 거야. 그러니 어차피 이 신발까지 줘서 가난한 사람이 주워 신는다면 얼마나 요긴하겠느냐?"

마음을 비운다는 것은 남을 내안으로 들어오게 하는 것이며, 자신을 버린다는 것은 바로 남을 위한다는 것인지도 모른다.

자신이 가진 것을 놓쳐도 아까워하지 않고 남은 것조차도 기쁜 마음으로 미련 없이 줄수 있는 것 어쩌면 이것이 맹자가 이야기한 의(義)의 길이며, 대도(大道)의 길이리라. 사람에 대한 사랑인지 모른다. 옳은 길은 인종을 뛰어넘고, 사랑은 종교와 국경을 초월한다는 것을 성인들의 삶속에서 새삼 느껴본다. 결혼상담업은 이런 면에서 보면 일속에 사랑과 보람, 봉사가 있어서 좋다.

앞에서도 이야기했지만 멀쩡하게 자란 어릴적 시골 친구가 농촌에 산다는 이유로 나이 40이 넘도록 짝을 찾지 못하고 홀로 사는 모습은 너무나 안타까운 충격이었다. 그래서 난 기회가 되면 농촌총각들을 국제적으로 연결해주는 일을 해야겠다고 다짐했다. 단지 시골에서 산다는 이유 때문에, 또는 농사를 짓는 것 때문에 결혼을 못하고 혼자 산다는 것은 무엇으로도 설명이 안되는 커다란 사회적 문제이기 때문이다. 선량한 우리의 무공해(?) 농촌 총각들이 엉뚱하게 희생을 당하고 있는 것이다.

저출산과 남아 선호성향의 영향으로 여자가 부족한데다가 편리한 도시생활에 젖어있는 우리의 현실에서 힘들고 고달픈 일을 끼고 살아야 하는 농촌으로 시집갈 처녀들이 이 땅에는 거의 없기 때문이다. 공급과 수요의 불균형 속에서 자연스럽게 눈은 외국으로 돌려지는 것이 현실이다. 사업차 동남아 지역에 가보면 경제적으로 풍요로운 한국행을 희망하는 처녀들이 의외로 많다.

그러나 이것은 사업적으로만 접근해서는 안 되는 신중해야 하는 일이다. 사람과 사람을 연결해주는 결혼사업은 그야말로 이익을 추구하는 것으로 이용되어서는 안 되는 것이기 때문이다. 더욱이 결혼 후 관리는 생각하지도 못하는 실정이고 보니 많은 비용을 들여 결혼한 신부가 도망가는 경우에는 모든 정신적인 고통과 경제적 손실은 고스란히 남자측에만 남겨진다.

또한 외국 여성들 역시 오직 가난 때문에 결혼회사들의 그럴듯한 말만 믿고 어렵게 선택을 해 국제결혼을 하여 부모형제를 떠나 이역만리 한국 땅에 왔는데, 와서 보면 결혼하기 전에 들었던 말들과는 현실이 너무 다른 비참한 농촌의 가난한 총각이거나 도회지 빈민촌 근로자들, 그리고 몸과 정신이 완전하지 못한 장애인인 경우 등도 있다. 이런 것들을 사전에 충분히 설명하고 이해와 동의를 얻어 왔다면 마음의 준비가 되었거나 어느 정도 감수가 되겠지만 속아서 왔다면 그들 또한 인생에 있어서 돌이킬 수 없는 큰 피해자가 되는 것이다. 일부 몰지각한 결혼상담업소가 신랑신부 모두에게 돌이킬 수 없는 상처를 주는 것이다. 이것은 큰 사회적 범죄요, 죄악이다.

또 심각한 문제는 이들의 지적수준이 낮을수록 유교적인 관념을 벗어나지 못하거나 외국여자에 대한 이해와 배려가 부족하고 외국여자라고 인간적인 대접을 홀대하거나 절대적인 복종을 원하는 경우가 많고, 거기다가 언어와 문화의 차이가 더해져 불협화음이 증폭되어 결국 서로에게 돌이킬 수 없는 상처와 좌절을 남기게 되는 경우가 많다. 행복한 삶을 살도록 만들어주어야 할 결혼상담소들이 돈벌이에 급급해 개인에게 불행은 물론 국가의 이미지마저 나쁘게 만들고 있는 것이 오늘날 우리나라 국제결혼의 현실이다. 그러나 현실은 도덕적 관념이나 인본주의를 무시한 채 우선 눈앞에 보이는 이익만을 생각하는 브로커와 모집책들의 양심에 호소할 수밖에는 아무런 대책이 없는 것 같다. 그들은 결혼하지 못한 처녀총각들을 도와주는 것이 아니라 잘못된 상술로 오히려 두사람의 인생을 파멸로 몰아가는 평생에 아물지 않는 깊은 상처를 주는 것이다.

요즈음도 종종 사기국제결혼을 당했다는 뉴스 보도는 내 가슴을 미어지게 했다.

나는 400여명의 짝을 찾지 못한 이들에게 가정을 만들어 주었고 그들은 나의 도움아래 행복한 가정을 이루며 알콩달콩 자식 낳고 잘살고 있다. 분명한 것은 현재 국제결혼과정에는 어느 정도 무리수도 있을 수 있고 여러 가지 문제점들도 있는 것이 현실이다. 나는 국제결혼성사에 앞서 먼저 신랑후보자인 총각을 만나 결혼 후 행복한 가정을 꾸리기 위해 가장의 역할과 외국여자에 대한 이해 및 사랑의 방법과 결혼생활에 대한 교육을 사전에 철저하게 시키고 있다. 이 교육이야말로 부모에게서도 전수받지 못한 꼭 필요한 실무 산교육이다.

나는 검찰청에서 문제청소년들을 대상으로 13년 동안 카운셀링을 해왔다. 이런 경험과 심리상담기법 교육을 통해 진정으로 내가 봉사해야할 길을 찾았다. 내 인생은 줄곧 외롭고 힘든 사람들과 함께 해왔다. 그들이 행복의 나래를 펼 수 있도록 촛불의 역할을 하라는 하느님의 메시지로 알고 살아왔다. 그 메시지는 어느덧 나에게 의무와 사명감으로 나를 지배해 버렸다. 나의 국제결혼사업은 몇 가지 분명한 소신과 철학을 바탕으로 설계되었다.

그 첫째가 결혼업은 공익성과 사업성이라는 두 수레바퀴를 나란히 굴러가게 하는 것이었다. 예비신랑 후보에게 결혼과 가정이라는 준비된 가장의 역할에 대해 철저한 교육을 시키는 것이며, 두 번째는 모든 구매에 애프터서비스가 있듯이 결혼 후에도 외국신부에게 한국의 문화와 정서를 이해하고 잘 정착할 수 있도록 다양한 프로그램을 마련하는 것이다. 셋째는 이주여성들과 그들의 2세가 아무 문제없이 한국에서 자라날 수 있도록 이주여성문화센타 운영과 국제결혼가정2세돌봄후원회운영을 병행해서 펼치는 것이다.

나의 국제결혼 사업은 현재 중국, 베트남, 필리핀, 캄보디아, 몽골, 우즈벡기스탄에 현지 지사를 두고 진행되고 있다. 각 지사에는 현지인들이 3명 정도 상주하며 근무하고 있다. 지사 근무자들은 현지 도회지의 여성들이 아닌 농촌을 직접 돌아다니면서 여성들을 만나고 수차례 면접을 한다. 한국 사회에 들어와서도 바로 적응이

가능한지 여부 등을 면밀하게 분석하고 상담한다. 이런 방법을 통해서 선발된 현지여성들은 소정의 교육을 마치고 한국 총각과 선을 보이도록 하고 있기 때문에 위장 결혼은 있을 수 없다.

중국 조선족의 경우 이미 한국행은 선망의 대상으로 변해있다. 그들은 어떻게든 한국 땅에 발을 들여놓는 것이 인생의 꿈이기도 하다. 위장취업이든 위장결혼이든 한국에 들어오면 식당 일을 하더라도 코리안 드림을 이룰 수 있다는 생각을 하고 있다. 농촌총각과의 결혼이후 한국 생활에 얼마나 잘 적응할 수 있는지, 한국문화 속에서 가정생활을 잘 할 수 있을지, 그것이 진정한 행복인지 아닌지를 생각할 겨를이 없다. 일단 한국행이면 어떤 수단과 방법을 가리지 않고 덤벼드는 것이 현실이다.

그 결과는 농촌총각들에게 엄청난 충격과 고통으로 덧이 씌워지면서 불쌍한 그들을 두 번 죽이는 결과를 낳고 있다. 이는 또 다른 사회문제가 될 가능성이 많음에도 곳곳에서 무책임하게 진행되고 있다.

농촌총각들의 어려운 입장을 도와주고 그들에게 봉사하는 길은 현지의 철저한 검증을 통해 대상자를 선발하고 또 결혼이 성사되더라도 사후에 계속적으로 지도를 할 생각이다. 한국에 시집 온 외국 처녀들에게 정기적으로 한국의 문화를 익히고 서로 교류할 수 있는 장을 마련해줄 생각이다. 그들만의 공간을 만들고 정보를 교환하면서 한국의 며느리로 당당하게 자리 잡도록 꾸준한 관리를 통해 정착하도록 봉사하는 것도 나의 작은 희망이다. 국제결혼가정2세돌보기를 위한 후원회는 이미 결성돼 있다. 그들의 자녀교육과 여러 가지 지원을 위한 장학사업도 활발하게 펼쳐나갈 계획이다. 나 혼자 하기는 힘이 들지만 호남동 성당에서 이재술 마르꼬 신부님, 심선진 스테파니아 수녀님께서 국제결혼가정과 외국인 근로자들에게 교육과 후원을 해주고 계시기에 함께 맞들어 도운다면 분명 아름다운 봉사가 될거라 생각된다.

그들이 한국에 정착해서 행복하게 사는 모습을 종종 보고 있다. 너무나 보람이 크다. 결혼을 못해 어쩔 줄 몰라 하던 농촌 총각들이 너무 좋은 신부감을 소개해줘서 감사하다는 연락을 해올 때의 기쁨은 늘 용기와 희망을 갖게 한다.

결혼은 인륜지대사(人倫之大事)라 했다. 누구에게나 자기 일생일대의 가장 중요한 일 중의 하나임에는 틀림이 없다.

또한 결혼이란 완벽한 짝을 찾는 것이 아니다. 서로에게 부족한 부분을 찾아 채워주고 아끼며 사랑하는 것이다. 그래서 서로가 원하는 조건들을 하나 둘씩 채워가는 것이야 말로 진정한 행복이다.

인생에 왕도(王道)가 없듯이 결혼에도 왕도가 없다는 말이 맞다.

국내결혼을 하든 국제결혼을 하든 누구에게나 자신에 맞는 반려자를 만나 가정을 꾸리는 것이 최상의 행복으로 가는 길인 것 같다. 그러나 결혼 상대가 없어 애태우는 농촌총각, 도회지 근로자, 재혼자들이 너무 많다. 국내에서 찾기는 이미 힘들어졌다. 이제 불균형한 성비(性比)를 탓할 때는 지났다는 얘기이다. 세계는 이미 글로벌 시대로 나아가고 있다. 시야를 넓혀 국제적인 사랑의 싹을 틔우는 시대가 된 것이다. 사랑에 국경이 없다는 말이 맞는 것 같다.

21세기 한국의 결혼 풍속에 국경은 무너져 버린지 이미 오래이다. 현재 우리나라에는 3만5천명의 혼혈인이 살고 있는 것으로 보고되고 있다. 나날이 증가하고 있는 국제결혼은 지난해 한 100쌍중13.6명으로 그 비율이 크게 증가하고 있으며, 2020년에는 혼혈인(混血人)이 최고 200만 명에 이를 것이라고 한다.

그럼에도 불구하고, 혼혈인(混血人)과 다인종(多人種) 사회를 바라보는 우리 사회의

눈높이와 마음의 폭은 옛날에 비해 크게 달라지고 있는 것 같지 않다.

그리고 혼혈아(混血兒)의 9.8%가 초등하교 때, 17.5%가 중학교 때, 여러 가지 이유로 각각 학업을 중단하고 있다는 통계이다

국가사회가 관심을 갖고 해결하고 책임져 주어야 할, 정책수립과 배려가 시급히 요청되고 있음에도 불구하고, 제대로 손을 쓰지 못하고 있는 정책 입안자들과 지도자들의 무성의가 아쉽기만 하다.

우리 사회가 어차피 피해 갈 수 없는 문제가 있다. 다름 아닌 적혼기(適婚期)를 훨씬 넘기고도, 배우자를 구하지 못하고 미혼으로 늙어가는 우리의 농촌총각들의 결혼문제가 그것이다.

통계청에 의하면 2005년 한 해 동안 농촌 노총각 35.7%인 2천885명이 외국인 여성과 결혼하여, 전체 결혼의 3명중 한 명이 국제결혼을 한 것으로 나타났다.

문제는 순전히 돈벌이만을 위한 무자격, 무책임한 악덕 상혼이며, 부도덕한 알선 업자들의 난립이다. 어차피 지방정부나, 국가가 모르는체 하고 방관할 수 없는 사회문제요, 더 이상 방치하는 것은 정부 뿐 아니라 모든 종교와 사회단체들의 공동책임이라고 할 것이다.

지금 우리 사회는 다인종(多人種), 다문화(多文化)시대의 문턱을 이미 넘어서고 있다.

순혈주의(純血主義)는 이 땅에도 이미 가능하지도, 바람직하지도 않은 세상이 된 것이다.

이제는 우리 사회에 이주(移住)해 와서 삶의 '둥지' 를 틀고, 현실적으로 이 땅에서 우리와 함께 살아갈 수 밖에 없는 그들, 이민자(移民者)들과 더불어, 삶을 나누며, 이웃으로 살아갈 방법을 모색하고, 익혀야만 할 때이다.

이미 그들은 이 땅에 삶의 닻을 내렸고, 우리 국가사회의 일원으로, 그리고 한 사람의 건전한 시민(市民)으로, 인격체(人格體)로 받아들여 한 형제 자매로 살아갈 수 있는 열린 자세가 필요할 뿐이다.

아홉번째 마당

학문의 욕망 열차를 타다

나이 40대 중반에 대학에 가다

잠시 언급했듯이 나는 고등학교를 정식으로 졸업하지 못했다. 물론 당시 시골에서 중학교만 나와도 "학교 다녔다"고 할 수 있는 시대이기는 했지만 지금으로 본다면 대학은 나와야 사회활동을 제대로 하는 시대가 분명하다.

어쨌거나 속칭 "가방 끈이 짧은 것"이 자랑은 아니다. 그렇다고 좋은 대학 나온 것 역시 그 자체만으로 자랑일 수는 없다. 그 때문만은 아니지만 어렸을 적에 나를 공부시키기 위해 서울로 데려갔던 작은 아버지를 잊을 수가 없다.

고교 졸업을 불과 몇 달 앞두고 학교를 떠나야 했던 아픈 경험은 언제나 가슴 한쪽을 응어리로 물들게 하고 있다.

그래서 2000년에는 전남대학교 행정대학원을 수료하고 이듬해에는 전남대학교 경영대학원 최고 경영자과정을 수료했다. 그럼에도 불구하고 이 같은 고급과정보다 정규 대학에 대한 미련은 버릴 수가 없었다.

대망의 2000년, 새로운 천년과 새로운 세기를 앞두고 온 나라와 세계가 들떠 있을 때, 20세기 마지막 여름인 1999년 ○월 ○○일, 나는 만학의 길로 들어섰다. 내 나이 45살 때다. 세아이 엄마지만 용기를 내어 광주의 상아탑학원에 대입 검정고시반에 등록을 한 뒤 사업중이었지만 늦은 밤과 휴일을 가리지 않고 노력을 거듭해 마침내 2001년 8월 2일 대입검정고시에 응시, 평균 80점이라는 당당한 점수로 합격하여 막내아들과 나란히 수능시험을 보게 되었다.

수능시험에서도 내 배움에 대한 열정이 하늘에 다다랐는지, 하느님이 도우셨는지, 아마 둘 다 라고 지금도 생각하고 있다. 생각보다 좋은 점수를 받아 드디어 조선대학교 경상대학 무역학부에 입학하여 마침내 대학생이 된 것이다. 막내아들과 같은 학번이 됐다. 아들이 다니는 학교에서 함께 공부하는 만학도의 길이 정말 나에게는 또 하나의 형극의 길이었다. 그러나 그 어떤 고난과 힘듬도 나의 배움의 열정을 꺽지는 못하였다. 마침내 눈물의 학사모를 쓴 것이다. 나에게 있어서 배움에 대한 욕심은 끝이 없는 모양이다.

어느 책에서 읽은 이야기지만 미국에 아이작 이라는 유명한 목사는 세일즈맨, 사업, 은행원 등 많은 일을 해 봤지만 진정으로 자기가 원하는 직업을 찾지 못하였다. 마지막으로 그는 목사가 되겠다는 생각을 했지만 너무 늙었다는 생각이 들었다. 그때 나이 45세였고, 세 아이에다 모아둔 돈도 없었다. 고민을 계속하던 그는 나이를 의식하지 않고, 목사가 되기로 굳게 결심을 했다. 믿음을 가지고 위스콘신 주 신학교에 들어가 5년간 공부를 하고 마침내 쉰 살에 목사가 되었다. 사람들은 나이를 뛰어넘은 용기와 노력, 실행력에 감동하여 이 목사를 따르게 되었고, 그는 하고 싶은 일을 찾고 성공을 한 것이다. 쉰 살에 목사가 된 그는 아직도 10년은 더 봉사할 수 있다는 여유를 갖게 되었다고 한다. 만약 마흔다섯 살 때 결심을 하지 않았다면 그는 나이를 먹을수록 더 후회했을 것이다.

나이와 배움을 극복해 성공한 사람들은 나에게 항상 큰 힘이 된다. 또 빌이라는 사람은 20대 초반에 하버드대학을 졸업하고 펀드매니저로 24년간 일해 돈을 벌자 대학교수가 되고 싶었다. 그는 주변에서 늦은 나이에 스트레스만 받을 것이라고 만류했지만 결심을 꺾지 않고 51세에 대학원에 들어가 55세에 박사가 되었고, 지금은 실물경제를 다루는 유명한 대학교수가 되었다고 한다.

나도 이왕 만학도의 길을 걷게 됐으니 석·박사 코스까지 학문의 끈을 놓지 않고 공부를 계속해 더 많은 지식으로 사회에 봉사하면서 내가 진정으로 원하는 일을 하고 싶다.

속된 말로 가방 끈이 꼭 길어야만 하는 것은 아니지만 하고 싶은 일이 배움과 연관이 있을 때는 더욱더 과감하게 도전해야 한다고 생각한다. 늦었다고 생각할 때가 가장 빠른 때다. 죽을 때까지 배워 배움의 바다에 빠져 죽더라도 내 자식들에게는 자랑스러운 일이 될 것이다. 본보기가 되고 싶다.

전남대학교 경영대학원 수료식

열번째 마당

흑백 영화 같은 여고생의 신혼생활

결혼은 신의 미완성의 축복

사실 여자로서 핑크빛 아름다운 결혼생활을 꿈꾸지 않는 사람은 없다.

예쁜 색깔로 행복한 결혼생활을 그려보고 장미빛 청사진을 펼치기도 한다. 누구에게나 그렇듯이 여고시절은 꿈이 많다. 나의 여고시절 역시 하고픈 일도 많았고 알고 싶은 것 또한 너무나 많았기 때문에 조기 결혼이라는 것은 상상조차 하지 못했다. 그러나 결혼은 너무나 순식간에 나의 운명 곁으로 다가왔다. 생각지도 않은 순간에, 너무도 빠른 시기에 결혼을 했다.

꿈많던 여고시절, 3학년 여름방학을 맞아 고향에 다니러 내려와서 꽃다운 시절에 지금의 남편 기인철씨를 만나 사랑에 빠지고 만 것이다.

그리고 곧 바로 임신, 요즘과 달리 그시절 여고생은 순진했다. 특히 그 당시 나는 아무것도 몰랐던 순진덩이였다.

결혼하지 않은 여자에게 임신이라는 단어는 큰 충격을 던져주는 용어다.

더구나 결혼을 생각하지 않은 상태에서 그것도 결혼을 하기엔 아무런 준비가 되어있지 않은 나이어린 여고생에게 이 단어는 두 사람, 특히 나를 너무나 두렵게 만들었다.

사랑을 느끼기에는 아직 너무 이른 나이, 더욱이 아이 엄마라는 감투를 받아들이기엔 너무도 어려운 일이었다.

"피할 수 없는 일이라면 운명이라 생각하고 받아 들이자."

내가 바로 그랬다. 피해갈 수 없는 나의 운명이었다.

하지만 아무 준비가 없는 앳된 여고생에게 결혼과 아이 엄마라는 현실은 너무 벅찼다.

나에게 결혼은 그렇게, 예상하지 못한 채 갑자기 밀물처럼 다가왔고, 화려한 무지개 빛깔도 아니고 화사한 장미 빛깔도 아닌 스펙트럼이 없는 보통의 투명한 색상으로 다가왔던 것이다. 가정은 이렇게 나의 현실 앞으로 나타났다. 남들은 대학에 다니거나 직장에서 재미있는 시간을 보내고 있는 꽃다운 처녀 시절에 나는 아이 엄마가 되어있었던 것이다. 때로는 그러한 친구들이 한없이 부럽기도 해 나도 그들처럼 꿈 많은 처녀로 다시 돌아갈 수 없을까 하고 원망도 했었지만….

그러나 그것이 나의 운명이었다.

어쨌거나 결혼은 나의 운명이었으니까.

나이 어린 새댁으로 출발한 결혼생활은 남편을 섬기기에도 너무나 벅차지만 자식들의 앞날을 생각하며 그러한 현실을 견뎌내야만 했다.

안정된 생활로 접어들었나 싶었는데 남편은 나에게 또 한 번의 엄청난 충격을 던져줌으로써 남편이 아닌 타인으로 느껴지기도 했다. 아무리 다정한 부부지간일지라도 오랜 시간 살다 보면 서로의 허물을 보일 수 있다. 우리 부부도 신뢰가 무너져버려 치유할 수 없는 아픔이 있었다.

나와는 단 한마디 의논과 상의도 없이 중소기업체를 운영하는 동생에게 5군데의 은행에 도합 15억원 상당의 보증을 서주었던 것이 하루아침에 남편의 빚으로 되돌아와 버린 것이다. 집안에 차압딱지가 붙여질 때까지도 나는 까마득히 아무것도 몰랐다. 그때까지도 나는 어떤 설명도 남편에게서 들은 적이 없었다. 이 빚과 IMF가 겹쳐 나의 모든 것이 무너져 내린 것이다. 백화점을 짓겠다던 꿈도 내려앉은 것이다. 나는 남편을 도저히 이해할 수도 용서할 수도 없었다. 20여년 세월을 온갖 고생을 하며 함께 해 온 믿음이 절망으로 바뀌는 순간이었다. 그 때문에 부도가나서 무등산에서 죽을려고 했던 일들이 겹쳐 평생 그 사람을 미워하고 증오하면서 살아갈 것 만 같았었는데 세월이 약이 되었고, 지금에 와서 보니 그래도 남편은 내가 힘이 들 때면 기댈 수 있는 등이 되어 있었다. 시간이 흐르면서 이제는 어느새 세월이 두꺼워졌음을 느낀다.

"멀고 험한 길일수록 둘이서 나란히 함께 가야한다"는 평범한 진리를 떠올린다.

천주님께서는 어느 날 돌연히 "내 탓이오, 내 탓이오, 내 탓이로소이다" 라고 나에게 깨달음을 주셨다.

나는 신을 버렸지만 신은 나를 버리지 않았다.

수많은 기도문들은 모두 잊었건만 이 한마디가 가슴 깊은 곳에 남겨져 있었던 것은 진정 하느님이 나에게 주신 선물이었다.

남편에게서 비롯되었다던 그 모든 "탓" 들이 모두 내 언행으로부터 빚어진 원죄, 본죄에서 비롯되었음을 뒤늦게 깨닫게 된 것이다. 그 어떤 후회나 원망도, 기쁨과 슬픔, 사랑과 미움도 모두 내 마음 속에서 비롯된다는 것을 뒤늦게 알았다.

"당신은 언제나 처음처럼 같은 모습으로 서 있는데…"

내가 당신의 손을 놓아버리고 싶을 때에도 당신은 하느님처럼 그렇게 나의 손을 꼬옥 잡고 있었다. 흑백 영화 같던 결혼 생활, 세월이 흐를수록 편안한 정겨움으로 다가오고 있어 더욱 아름다울 뿐이다.

고맙습니다.

미워도 버릴 수 없고 버려도 버려지지 않는 아니 버릴 수 없다면, 기꺼이 사랑하고 있는 것이라고 믿으며 기쁜 마음으로 살아갈 것이다.

내가 꿈꾸는 아름다운 무지개 빛은 내 손으로 그려 넣으라고 하느님은 그렇게 미완성의 캔버스를 나에게 주셨다는 것을 세월이 흐른 뒤에야 알았기 때문이다. 사랑은 홀로 가는 것이 아니라 둘이서 마주보며 걸어가는 것이라는 진리를 뒤늦게 깨우쳤기 때문이다.

기 도

나 고운 모습으로 살아가게 하소서
고운 마음으로 살고 싶습니다.
마음이 예쁜 사람으로 살고 싶습니다.
봄 산에 진달래꽃 같은 소박한 사람으로
잔잔히 살아가고 싶습니다.
아무것도 가진 것이 없지만
마음만은 언제나 향기 가득하며
누구에게나 사랑스런 사람으로 살아가고 싶습니다.

내 나이 불혹이 지난 발걸음의 무게가 크지만
나이와 상관없이 자유로운 마음은
나를 어린 아이로도 만들고 소녀로도 살게 하소서
하느님께서는 나에 몸 따라 마음 늙으면
마지막 판도라의 상자 속에 숨겨둔 보물

모르고 절망 속에 가라앉아 죽어 갈까봐
죽는 날 까지도 나의 마음 늙지 않게 하소서.

사랑하며 살게 하소서
내 마음속에 미워하는 이 하나도 없이
아름답게 가만 가만 사랑하며 살게 하소서
내 마음 예쁘게 고운 사람으로 살아가게 하소서
늘 감사하며 살게 하소서
내 생활이 나를 속일지라도 그러려니
마음 비우고 여유롭게 살아가게 하소서.

나누어 줄 것이 별로 없어도
따스한 마음 조각 한줄 내어 주며 살아가게 하소서
그리워하며 살아가게 하소서
마음속에 연분홍 설렘
늘 간직하며 꽃 같은 미소로 살아가게 하소서.
불평이나 불만은 잠재우며 살아가게 하소서
그것들이 자라날 마음의 토양을 만들지 않게 하소서
늘 행복한 마음으로 예쁘게 살아가게 하소서
늘 마르지 않는 옹달샘처럼
스스로 다스리고 가꾸어서
행복의 샘을 지키게 하소서

열한번째 마당

알콩달콩 사랑이 묻어나는 가족이야기

나의 희망 나의 열매

가끔 새벽녘에 깨어나 곤히 잠들어있는 내 가족의 얼굴을 쳐다보면 그 속에서 행복을 읽을 수가 있다.

남편은 건전한 사고와 남다른 성실함으로 묵묵히 교직자의 길을 걷고 있다. 어느날 당신의 장기 전부를 기증하겠다고 극구 고집하며 가족 동의서를 받아낼 정도로 고집센, 사랑과 나눔을 아는 내 남편, 박봉인 한달 월급을 받아 쪼개고 쪼개서 어려운 학생들과 나누어 쓰는 천사표인 착한 내 남편, 그래서인지 밖에서 내가 활동하고 있는 봉사일에도 끊임없이 나를 격려해주고 배려해주는 세상에 둘도 없는 내 인생의 동반자이자 든든한 버팀목이다. 남편을 이토록 사랑스런 눈으로 바라보게 되기까지 얼마나 수많은 나날들을 아파해 왔었는가….

봉사하는 엄마의 삶과 성실한 아빠 밑에서 자란 우리 착한 아이들, 그 가운데서도 큰딸은 살림 밑천이라고들 하던데 그 말이 맞는 것 같다.

공부하는 것이 좋아 남들이 놀 때에도 공부만 하고 있어 한편으로는 걱정이 되기도 한 내 딸, 힘들고 답답해하는 나의 마음을 읽어 내는 지

"엄마는 너무 고생을 많이 하셨어요. 다음에 내가 좋은 직장 다녀 엄마 호강시켜 드릴게요! 엄마 용돈도 한 달에 오백만원씩 드릴게요. 세계 각국 구경 다니면서 먹고 싶은 것 먹고 입고 싶은 것 입으시면서 멋지게 사세요! 저는 항상 친구들에게 자랑한답니다. 우리 엄마처럼 당당하고 멋진 여성은 없다고 말이에요. 자기일 가지고 열심히 사는 우리 엄마 저도 엄마를 꼭 닮아 멋진 외교관이 될 거예요"

너무 예쁘고 착한 딸이다. 말만이라도 고맙다. 엄마는 네가 어려운 가운데서도 이렇게 착하고 예쁘게 커준 것만으로 고마워서 늘 하느님께 기도한단다.

이렇게 말하는 우리 딸 성아는 부모님에게 꼭 효도하는 착한 딸이 되겠단다.

지난 추석에도 내려와서 바쁜 나를 대신해 추석 차례 준비를 척

척 해내는 딸아이를 보면서 금새 눈물이 눈가에 맺혔었다.

고마워라! 고마워!! 내 예쁜 딸 성아야!

또한 두 아들 남해와 우창이는 나에게 살아갈 수 있는, 살아갈 이유를 품게 하는 원천적인 힘이다.

유달리 공부하기에 취미가 없었던 남해는 그림에 소질이 있어 어렸을 때부터 땅바닥에 그림을 그리면서 친구들과 어울려 놀기를 좋아해서 그런지 시험성적은 그리 좋은 편이 아니었다.

그래서 성적표가 나올 때면 공부 잘 하는 딸 아이하고 비교하여 "딸이 아들이었으면 좋겠다."는 아빠에게 혼나던 남해였지만 가장 힘든 순간에 엄마를 도와주고 지켜주었던 든든하기 그지없는 나의 큰 아들이다.

그리고 막내 우창이, 막내가 태어날 때는 국가에서 "남녀 구별 말고 둘만 낳아 잘 기르자."는 캠페인이 한창이던 때인지라 고민하다 결국 옥동자를 낳았는데 어려서부터 공짜라 하여 안아주거나 업어 준적이 별로 없었는데 혼자서 순하게 잘도 자라주었다.

형, 누나가 모두 객지에 나가 공부하고 아버지 또한 객지에 나가 아이들을 가르치고 있던 상황에서 자신마저 공부한다고 서울로 떠나버리면 엄마는 얼마나 외롭겠냐며 "엄마, 저는 엄마 곁에서 공부하렵니다." 대견하게 말하던 그 막내는 나와 함께 같은 조선대학교 영문학과에 입학하여 지금은 졸업하고 소위로 임관, 현재 군 생활을 하고 있다.

막둥이라서 어린 줄만 알았고 바쁘다는 핑계로 따뜻한 손길 한 번 주지 않았는데 어느새 늠름하고 씩씩한 청년으로 훌쩍 자라버렸다.

이른 새벽잠에서 깨어나 따뜻한 차 한 잔으로 마음 가다듬으면서 하루를 준비하고 있는데 아침 운동 다녀왔다며 어미의 뒷모습을 감싸 안은 채 "우리 엄마 사랑해요." 라고 하얗고 고운 이를 드러내며 웃음 지어 보이는 얄밉도록 이쁜 아이다.

즐거웠던 순간도, 힘에 겨웠던 시간도, 눈물 흘렸던 세월도, 모두 함께 보내온 하나의 과거로 엮여져 우리를 가족이라는 울타리 안에서 더욱 더 서로 의지가 되고 붙들어 주고 있다.

이 모든 것에 거듭 감사드릴 뿐이다.

내가 살아가는 의미를 주는 소중한 가족에 다시 한번 고마움을 느낀다.

우리 가족 어느 한 사람 소중하지 않을 수 없어 감사의 기도를 잠시라도 내려놓을 수 없다.

영화 "아름다운 비행"을 보면 기러기 새끼들이 자신들을 부화시킨 소년을 어미로 생각하며 따라다니는 장면이 나온다.

기러기는 알에서 태어나면서 처음 보는 것을 어미로 기억하는 습성이 있는데, 이를 가르켜 "각인(Imprinting)" 이라고 한다.

베일러 의대 정신과 의사 부르스 페리는 홀대를 받으며 자란 아이들의 정밀 뇌 사진을 연구한 결과 애정과 관련되는 뇌 부분이

제대로 발달하지 않은 것을 발견하였다.

아주 어릴 때 따뜻한 보살핌을 받지 못한 아이는, 타인과 긴밀한 인간관계를 구축하는 능력이 떨어질 수 있다는 것이다.

그동안 사랑을 받아본 경험이 없는 사람은 다른 사람을 사랑할 줄 모른다는 이야기를 과학적으로 증명한 셈이다.

내가 자녀에게 줄 수 있는 것. 부모가 아이의 눈 색깔을 바꿀 수는 없으나 위로와 이해의 따뜻함의 빛을 줄 수는 있다.

또 아이의 용모는 바꿀 수 없지만 인도적이고 친절하고 우정에 찬 열심을 부여함으로써 장기적 안목으로 볼 때 미인 선발대회에 당선되는 것 보다 더 큰 행복을 안겨줄 수는 있다.

부모가 아이에게 많은 물질을 둘러싸 놓음으로 안정감을 줄 수는 없지만 사랑의 팔로 아이를 감싸 안아줄 수는 있다.

여기 내가 평소에 가슴에 새겨놓은 글을 옮겨내 사랑하는 자식들에게 전해본다.

내 너를 사랑할 수밖에 없느니…

내 마음 하나 씨를 뿌려 하늘에 흩으라,
내 눈물 한 방울, 내 웃음 한 조각 씨를 뿌려 땅위에 흩으라,
내 마음 먹고 너 자라,
내 눈물과 내 웃음과 내 기도 먹고 너 자라,

아름다운 나무가 되라.

내 너를 위해 흘린 눈물만큼
또 다른 사람 위해 눈물 흘리는
사랑이 풍성한 아이가 되라.

내 너를 사랑할 수밖에 없노니,
내게 짐 있어 아무리 무겁다 할지라도,
내 너를 사랑할 수밖에 없나니,
내 너를 위해 무릎 꿇고 기도드리는 이 마음먹고,
만물을 살리는 이 땅의 흙냄새처럼,
사랑이 풍성한 아이가 되라.
내 너를 사랑할 수밖에 없노니.
내 너를 사랑할 수밖에 없나니.

- 알콩달콩 가족이야기 중에서-

가족사진

열두번째 마당

내안의 믿음과 사랑

부부간의 믿음은 아무리 강조해도 지나치지 않을 것이다. 흔히들 부부싸움을 "칼로 물 베기"에 비유하며 해가 지면 그친다고들 말한다.

하지만 서로 간에 한번 믿음을 잃으면 그 믿음을 회복하기란 쉽지 않다.

불전(佛典)에 담겨 있는 한 예화다.

어느 나라의 왕자가 그만 큰 실수로 왕의 노여움을 사서 왕자비와 함께 성밖으로 쫓겨나 깊은 산속에 숨어 살게 되었다.

그러나 두 사람은 서로에 대한 사랑과 믿음이 있었기에 나무 열매를 따먹고 짐승을 잡아 먹어야하는 빈곤한 생활에서도 불평 없이 살아갈 수 있었다.

그런데 시간이 흘러 겨울이 다가오자 상황은 점점 어렵게 변하기 시작했다. 먹을 것이 다 떨어진 어느 날 먹을 것을 구하기 위해 사냥을 나간 왕자가 용케 토끼 한 마리를 잡아왔다.

오랜만에 먹을 것이 생긴 왕자비는 기쁨을 감추지 못하고 그래도 이것이 어디냐며 토끼를 솥에 넣고 불을 지폈다.

한데 한참을 끓이다가 왕자가 솥을 열어보니 물이 다 졸아서 고기가 타게 생겼다.

"고기는 아직 덜 익었는데 물이 모자라군. 아무래도 물을 길러와야겠어."

"그래요? 그럼 제가 얼른 가서 길러오겠어요."

왕자비가 말을 마치고 골짜기로 물을 길으러 가자 배고픔을 견디지 못한 왕자가 다시 솥을 열어 보았다. 채 익지도 않았지만 김이 모락모락 올라오는 토끼 고기가 먹음직스럽게만 보였다.

배고픔에 군침을 삼키던 왕자는

"에라 모르겠다."

하면서 그만 왕비가 오기도 전에 한점도 남기지 않고 모두 먹어버리고 말았다.

물을 길러 돌아온 아내가 솥에 물을 부으려다 깜짝 놀랐다.

"여보, 이게 어떻게 된 일이에요. 토끼가 어디로 갔어요?"

아내의 물음에 머뭇거리던 왕자가 말했다.

"아! 그 토끼 말이오? 그 토끼가 당신이 없는 사이에 그만 밖으로 도망치고 말았다오."

"아니, 반쯤 익었던 토끼가 어떻게?"

"그러게 말이오. 나도 깜짝놀랐다오."

아내는 더 이상 아무 말도 하지 않고 집안으로 들어갔다.

그날 이후로 아내는 웃음을 짓지 않았다.

그 후부터 두 사람 사이에는 항상 서먹한 감정이 흐르고 있었다.

마침내 왕의 노여움이 풀려 왕자 부부는 산속에서 어려운 생활을 청산하고 궁전으로 돌아와 왕위에 즉위했다.

왕은 그 동안 고생한 왕비를 생각하면 늘 가슴이 아팠다.

그래서 진귀한 보석과 맛있는 음식을 구해 아내를 기쁘게 해주고 싶었다.

그러나 궁전으로 돌아온 이후에도 왕비는 계속 웃음을 잃고 쓸쓸한 표정만 짓고 있었다.

화려한 왕궁 생활에도 아내는 즐겁지가 않았다.

답답해진 왕이 어느 날 왕비에게 다그쳐 물었다.

"왕비, 이제 어려운 시절은 모두 끝났소, 산속에서는 어렵고 힘들어서 그렇다고 이해하지만 지금은 모든 것이 풍족하고 행복한데 왜 한 번도 웃지를 않는 것이요?"

그러자 왕비는 쓸쓸한 얼굴로 답했다.

"우리가 산속에 살고 있을 때 숲 속에서 아직 덜 익은 토끼가 뛰쳐나와 도망친 일이 생각이 나서입니다. 지금도 그 수수께끼가 풀리지 않는군요. 그때 달아난 토끼와 함께 당신에 대한 나의 사랑도 달아나 버렸답니다."

그렇다.

이솝우화를 연상케 하지만 우리에게 시사하는 의미는 아주 크다.

아무리 다정한 부부라도 거짓이 들통 나면 상처가 깊다.

거짓은 서로를 갈라놓는 붉은 38선이나 마찬가지다. 그 거짓이 마음에 내려 앉아 있는 한 사랑의 불꽃은 일어 날 수 없다.

부부간의 화합도 마찬가지이며 직장동료들 사이에도, 친구들 사이에도 마찬가지이다.

열세번째 마당

배꽃보다 아름다운 농부의 땀방울

구슬땀에 삶의 의미가 하나 가득 열리고

남편직장이 나주였던 관계로 배꽃이 만발한 나주평야를 지나갈 때가 많았다. 갓 시집을 와서 의상실을 하기 위해 광주를 다닐 때도, 의상실을 차려놓고 물건을 떼기 위해서도, 또 광주로 와서는 시부모님을 뵙기 위해서도 나주 가는 길은 언제나 나에게는 각오와 희망과 미래를 다짐하던 길이었다.

그 가운데서도 배꽃이 만발한 과수원은 삶에 지친 나에게는 커다란 위안이었고 오랜 친구 같은 편안함을 안겨주었다. 광주에서 남평을 지나 나주 산포에 들어서기 시작하면 국도 1호선의 양쪽으로 배밭이 가득했다. 지금은 도로를 넓히고 개발이 되면서 옛 모습과는 많이 달라졌지만 옛날에는 그야말로 노랫말속의 과수원 길을 달리는 기분이었다.

조기결혼으로 인해 꿈 많던 젊은 날의 낭만을 음미해 볼 여유조차 찾기 힘들었던 시절, 난 하얗게 핀 배꽃을 보면서 소박함으로 항상 저 배꽃처럼 깨끗하고 순백하게 살아야겠다는 다짐을 하곤 했었다. 그 때 생각을 하면 티 없이 맑은 소녀의 기분이 된다.

늦은 봄 초록이 새록새록 짙어가는 나주평야는 수줍어 차마 고개를 들지 못한다. 여름으로 넘어가는 힘센 남자에게 시집이라도 가야하는 운명처럼 하얀 면사포를 뒤집어쓰기 때문일까. 앞을 보나 옆을 보나 배 과수원의 하늘은 온통 흰눈이 내려앉은 것처럼 하얗다. 해남에서 올라와 신혼 시절 그 광경을 보면서 얼마나 설레는 나날을 보냈는지 모른다. 언제나 나에게 있어서 나주는 하얀 배꽃의 순수함이 있어서 정겨운 곳이다. 아마 지금도 이곳을 지나가는 수많은 선남선녀들이 그 아름다운 광경을 보고 잠시나마 순백의 감탄사를 지르고 황홀함을 느끼고 있을 것이다.

비행기를 처음 타는 순간이 생각난다. 무시무시한 굉음을 내는 커다란 기계덩어리가 어떻게 땅을 박차고 오를 수 있다는 것인지 도저히 이해가 되지 않았다. 과연 뜰 수 있을까하는 불안감이 비행기의 무게를 더하는 것만 같았다. 이륙해서 고도를 유지하기 위해 45도의 경사를 이루며 하늘로 오를 때는 어째 그리 불안한지 두레박 끈을 잡고 올라가는 것도 아니고 레일이 있어서 가는 것도 아니고….

그러나 구름 띠를 뚫고 나가 창공으로 들어서면서 안전벨트를 풀고 잠시 창밖을 보면 끝없는 구름바다(雲海)가 펼쳐진다. 난 그 때 가장 먼저 지상의 구름바다인 배꽃 만발한 과수원이 생각난다.

어느 날이었다. 배꽃이 너무나 아름다워 금천에서 버스를 내린 적이 있다. 그 아름다운 배꽃을 좀 더 가까운 곳에서 감상해보고자 하는 생각에서다. 가까운 과수원 안으로 들어갔다. 배나무 밑에서 부부로 보이는 두 사람이 과수원으로 들어서는 나에게는 관심도 없는 듯 열심히 일을 하고 있었다. 배나무 주위를 둥그렇게 파고 퇴비를 부지런히 넣고 있었다. 한 나무가 끝나면 옆에 있는 나무로, 다른 나무로 쉴 새 없이 이동하고 있었다. 말붙이기가 미안할 정도로 바쁜 눈치였다. 한 10여분을 기다리고 있는데도 나 정도는 아랑곳하지 않는 듯했다.

좀 더 가까이 가 보았다. 두 사람의 상의는 흠뻑 젖어있었다. 배나무 그늘 밑이었지만 땀이 비 오듯 쏟아지고 있었다. 배나무 위의 순백의 아름다운 배꽃을 감상하도록 하기까지는 농부의 저 같은 피나는 노력이 있었구나하는 생각을 하면서 나도 모르게 나는 어느새 슬그머니 뒷걸음질을 치고 있었다.

겉옷까지 흠뻑 젖도록 열심히 일하는 모습이 아름다웠다. 남이 다가오는 것까지도 모를 정도로 땀 흘리는 그 모습이 활짝 핀 배꽃보다 더 아름다웠다. 자기 일을 미친 듯이 열심히 하는 농부의 모습은 나에게 왜 그리 큰 감동으로 다가왔는지. 그날 이후로 난 자기에게 주어진 일을 열심히, 땀 흘려서 최선을 다하는 것처럼 아름다운 모습은 없다고 생각하면서 나에 주어진 일을 더 열심히 하고 있다. 내가 맡고 있는 일이 많은 편이지만 사업이든 봉사활동이든 일단 나에게 일이 주어지면 열심히 하며 산다.

세상일 역시 그런 것 같다. 어떤 물건이든 제자리에 놓여 있을 때 가장 안정감이 있듯이 사람들도 각자 자기의 위치에서 자신의 일을 충실히 하는 것보다 아름다운게 또 있을까. 무엇이든 있을 자리에 있고 분수에 맞게 사는 삶은 세상을 밝고 아름답게 지탱하는 것 같다. 배과수원은 가슴 터질 것 같은 화사함 말고도 나에게 이 같은 엄청난 가르침을 가져다 주었다. 무엇이든지 관심을 가지고 자세히 들여다보면 겉으로 드러난 아름다움 그 이면에는 그 아름다움을 있게 한 또 다른 감동적인 그 무엇이 있다는 것을 나는 깨달았다. 신은 빈틈이 없고 체계적이며 그렇게 논리적일 수 없다는 것을 나는 깨닫는다. 나의 봉사와 사업, 나의 삶도 과수원 배꽃처럼 겉으로 드러난 아름다움 못지않게 안으로도 감동적이게 살찌우자고 다짐해 본다. 나주의 배꽃 과수원은 잠시나마 찌든 삶에 언제나 어머니 같고 옛 친구 같은 편안함을 주었던 곳이다.

내가 먹는 달콤한 나주배 뒤에는 비 오듯 쏟아지는 농부의 땀방울이 주렁주렁 열려있고 거기에는 진정한 삶의 의미와 달콤한 향기까지 가득 달려 있었던 것이다.

열네번째 마당

내 인생의 또 다른 동반자 난(蘭)과 수석

힘들고 어려울 때 친구 같은 대화의 상대

나의 어릴 적 취미는 책 읽기였다. 낭만과 이상이 가득한 꿈 많은 문학소녀였기에 자연히 책을 가까이 하게 된 것 같다. 한 번 책을 들면 끝장을 봐야하는 성격 탓에 꾸중도 많이 들었다. 좀처럼 부모님 속을 태우는 일이 없는 나였지만 책만 잡으면 문제를 일으키는 경우가 종종 있었다. 책을 읽을 때면 밥 먹는 것도 잊고 건성으로 하다가 소리를 듣는 경우가 많았다.

학교에서도 선생님 몰래 책상 밑으로 무릎 위에 책을 올려놓고 읽다가 들킨 적이 한 두 번이 아니다. 음악시간 체육시간 할 것 없이 그렇게 하다가 벌을 받은 기억이 새롭다. 그 만큼 책에 대해서는 집착이 강한 학창시절을 보냈다.

스무 살이 넘어서면서 취미가 바뀌기 시작했다.

우연한 기회에 수석을 접할 기회가 있었는데 그만 반해버리고 말았다. 수반 위에 놓여 있는 작은 자연, 그 당당하고 여유 있는 자태, 언제나 변함없이 자리를 지키고 있는 모습은 나의 마음을 사로잡아 버렸다.

기회가 있을 때마다 동호인들과 좋은 수석을 찾으러 전국을 다니기 시작했다. 남한강 묵석을 탐색하는 날이면 행복함에 밤잠을 설치기도 했다. 20여 년 전부터 그렇게 하나하나 모은 수석이 지금은 200여점이 넘는다. 이제 수석은 내 인생의 동반자가 돼버렸다. 인생의 고비 때마다 난 수석과 끝없는 대화를 통해 일어서곤 했다. 나의 꿈과 좌절과 희망을 고스란히 간직하고 있는 가족이 된 것이다.

마음이 답답하고 하는 일이 잘 풀리지 않을 때면 난 조용히 집에 들어와 수석과의 대화를 시작한다.

"그래, 세상풍파 다 견디면서도 말없는 너만 같으리라. 우직하고 든든하게 항상 그 모습 그대로인 너처럼 살리라. 나도 너처럼 한번 먹은 마음이 영원토록 변하지 않을 것을 네 앞에서 다짐하노라."

이렇게 수석과의 대화는 대부분 나의 다짐으로 끝났다.

그러나 그 대화는 언제나 나에게 위로와 용기를 주었다. 수석이 집안 빼곡히 쌓여가지만 한편으로는 미안한 마음도 있다. 자연 그대로 놔뒀더라면 수많은 사람들이 함께 볼 수 있었을 텐데…. 하는 마음이다. 수석들은 십 수 년의 세월동안 나의 손때가 곳곳에 묻어있다. 마치 숨소리라도 들을 수 있을 것 같은 보살핌 속에서 함께 살고 있는 것이다. 내가 더 사회적으로 발전하고 성공하여 여유가 생기면 모두가 함께 공유할 수 있는 공간을 만들어 전시할 생각을 갖고 있다. 나에게는 보물 같은 존재들이지만 많은 사람들이 함께 즐기고 감상할 수 있는 공간을 마련해서 보관하는 것이 수석과의 약속이며 나의 작은 꿈이기도 하다.

나의 또 다른 취미는 난(蘭) 기르기다. 사군자 중의 하나인 난에 대해서는 더 이상 언급할 필요가 없겠지만 마음을 편안하게 해주는 친구이다. 1년 내내 정성을 드리고 마음을 써야 꽃대가 나오고 작은 촉에서 꽃이 핀다.

그 은은한 향기를 무엇에다 비교할 수 있으랴. 꽃이 필 즈음이면 서둘러 집에 들어오고 싶은 마음이 간절하다. 향기를 맡기 위해서다. 어떤 때는 점심때 집에 들어왔다가 가는 경우도 있었다. 점심을 먹으러 오는 것이 아니라 난향을 음미하기 위해서다. 그윽한 향기를 맡고 있노라면 하루의 피로쯤은 훌훌 날아가 버린다. 정말 좋은 친구다. 영원히 잊을 수 없는 내 삶의 윤활제인 것이다.

벌써 집에 있는 난이 100여분을 넘어 섰다. 이 역시 수석과 함께 많은 사람들의 몫으로 돌리는 날이 반드시 오리라는 확신을 갖고 정성을 다하고 있다. 그래서 내가 힘들고 어려울 때 그들과의 대화를 통해 용기를 얻고 새로운 마음을 다질 수 있었던 것처럼 이 세상 모든 사람들이 근심 걱정을 다 털어버리는 날이 왔으면 좋겠다. 섬세하고 유연한 것 같으면서 굳은 지조가 있고 거기에 은은한 향기까지 지녔으니 내 친구다. 묵묵하고 도도한 자태로 세상풍파에 휩쓸리지 않고 영원불변의 진리처럼 꿋꿋하게 자리 지키는 우직함이 있으니 이 또한 내 친구다.

내 가슴속에 간직하고 싶은 나의 말벗 수석과 난.

내 벗이 몇이나 하니 수석(水石)과 송죽(松竹)이라
동산에 달 오르니 그 더욱 반갑고야
두어라 이 다섯 밖에 또 더하여 무엇하리

구름빛이 조타하나 검기를 자로 한다
바람 소래 맑다하나 그칠 적이 하노매라
조코도 그칠뉘 업기는 물 뿐인가 하노라

꽃은 무슨 일로 피여서 쉬이 지고
풀은 어이하여 푸르는듯 누르나니
아마도 변치 아닐손 바위 뿐인가 하노라

더우면 꽃피고 추우면 닙지거늘
솔아 너는 어이 눈서리를 모르는다
구천(九泉)에 불휘 곧은 줄을 글로 하여 아노라
나무도 아닌 것이 풀도 아닌 것이
곧기는 뉘 시기며 속은 어이 뷔엿는다
저러코 사시(四時)에 푸르니 그를 조하 하노라

작은 것이 높이 떠서 만물(萬物)을 다 비추니
밤중에 광명(光明)이 너만한 이 또 있느냐
보고도 말 아니하니 내 벗인가 하노라

해남이 낳은 이조시대의 대시인 고산 윤선도 선생의 저 유명한 오우가(五友歌)다.

이 시는 고산(孤山)이 56세 때 해남 금쇄동(金鎖洞)에 은거할 무렵에 지은 (산중신곡(山中新曲) 속에 들어 있는 6수의 시조로, 수(水) · 석(石) · 송(松) · 죽(竹) · 월(月)을 다섯 벗으로 삼아 서시(序詩) 다음에 각각 그 자연물들의 특질을 들어 자신의 자연애(自然愛)와 관조를 표백한 것으로 자연의 아름다움을 잘 나타는 시조의 백미(白眉)라고 일컬어지는 시다. 나는 난과 수석을 볼 때마다 고산의 오우가를 음미해 보곤 한다. 얼마 전 언론사 입사시험에 오우가를 아는 대로 써보라는 시험도 있었다하니 잘된 작품은 시대를 초월하여 교훈을 준다는 것을 깨닿는다.

나는 다섯친구(五友)를 가지는 높은 경지는 아니지만 두친구(二友)가 있어 위안을 해 본다.

열다섯번째 마당

성공의 열쇠는 내 안에 있다

차곡차곡 한 걸음씩 준비하자.

"새벽 3시, 잠자리에 들었을 때 나는 깊은 안도감을 느꼈다. 마침내 나는 전체 상황을 감독할 권한을 얻었다. 나는 마치 내가 운명의 여신과 함께 길을 걷고 있는 듯한 느낌이었다. 나의 지난 모든 삶이 오로지 이 시간을 위한 준비 과정이었던 것처럼 생각되었다. 비록 조바심이 나서 아침을 못 기다릴 정도였지만 나는 푹 잤을 뿐 좋은 꿈을 꿀 필요가 없었다. 현실이 꿈보다 나았기 때문이었다."

이말은 영국인들이 누구보다 자랑스럽게 생각한다는 처칠, 영국 수상을 두 번이나 하고, 노벨평화상을 수상하였으며, 세계 제2차대전을 승리로 이끈 20세기 가장 위대한 지도자로 불리는 처칠, 그가 남긴 회고록의 한 토막이다.

영국 정부로부터 제2차 세계대전을 지휘해 줄 것을 요청받고 나자 처칠은 자신의 전 생애는 바로 이 순간을 위해 준비해 온 것이라고 생각했다. 처칠은 자신의 성장 과정과 노력, 도전과 실험, 실패와 좌절, 그 모든 것이 그날 그 위대한 순간을 위해 존재해온 것으로 생각했다. 그리고 그 순간 그에게 부여된 임무를 위해 모든 정열을 쏟을 각오를 다졌다. 그 결과 처칠은 죽음과 삶을 넘나드는 전쟁에서 승리를 거두었으며 모든 영국인들의 가슴에 "위대한 영국인으로" 오늘날까지 깊이 새겨져 있는 것이다.

나는 공부와 사업을 하면서도 항상 나보다 못한 이웃을 위해 봉사하면서 살겠다는 일념을 가슴에 품고 20여년의 세월을 살아왔다. 이제는 베풀며 사는 또 다른 봉사의 시간을 가질 계획이다.

앞으로는 약간 그 색깔을 달리해 사람과 사람을 맺어주고 그들의 행복을 기원하는 또 다른 봉사의 길을 걷고자 한다. 결혼 당사자는 물론 모든 사람들로부터 칭찬받고 사랑받는 결혼상담소를 운영하고자 한다. 믿을 수 있는 결혼정보회사를 꿈꾼다.

국내결혼 뿐만 아니라 국제결혼을 책임지고, 그 분들에게 미처 찾지 못한 행복의 요소들을 발견해 엮어주며 사랑의 가정, 평화로운 가정을 만들어주는 회사를 만들 계획이다.

결혼하면 (주)코리아웨딩스쿨을 떠올리는 믿고 사랑받는 회사

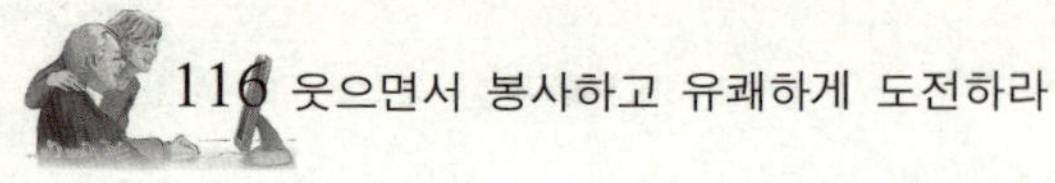

를 만들고 싶다. 성혼에서 가정행복, 육아까지 사후관리와 정보와 교육을 서비스하면서 말이다.

장사만을 염두에 둔 여느 결혼 중개업자와는 달리 상대 여성이나 남성들의 인품과 능력, 소질을 하나하나 파악하고 그에 맞는 상대를 찾아주는 진실한 중개자이자 행복의 엮음이가 될 것을 약속하면서 말이다.

한국의 남녀 성비가 급격히 무너지고 여성이 절대적으로 부족해진 점을 감안, 필리핀과 베트남, 중국, 몽고 등 이미 개설된 지사를 비롯해 10여 개 국가에도 지사를 두어 해외 결혼에 중점을 둘 계획이다.

내가 평소에 사업상 많은 연관을 맺고 있는 필리핀과 베트남에는 나의 손길을 기다리는 여성들이 많다. 친 동생처럼, 딸아이처럼 아끼고 싶은 필리핀과 베트남의 많은 여성들이 형제의 나라로 동경하는 한국에서 새로운 인생을 펼칠 수 있도록 도움을 주고자 한다.

그녀들에게는 행복 찾기의 기회를 주고, 한국의 남성들에게는 마음에 드는 배우자를 선택할 수 있는 기회를 제공해 글로벌 시대에 지구촌 가족의 평화를 엮어나갈 것이다.

나는 이미 지난 2005년 7월에 "국제결혼가정 2세 돌봄 후원회"를 결성했다. 이는 지금까지 내가 엮어준 외국결혼 가정의 뒷바라지를 위해서 만든 것이다. 나는 이를 통해 "행복"을 약속한 그들과의 신뢰를 하나하나 실천으로 옮길 것이다.

이 후원회는 그들이 한국의 문화를 익히고 이해하는 것을 적극적으로 도와 당당한 한국인으로 살아갈 수 있도록 최선을 다할 것이다.

한 · 베 2세 김선미와 함께

열여섯번째 마당

사랑은 모든 것을 물들입니다

허물도 욕망도 덮습니다.

인간의 어떤 문학적 · 미학적 표현을 하더라도, 또한 어떤 천사의 말을 토해내더라도 사랑이 없으면 요란하게 울리는 징과 꽹과리에 불과하다고 한다.

예언하는 능력이 있어 인간의 모든 비밀을 알고 모든 지식을 통달하고 또 산을 옮길만한 힘이 있을지라도 사랑이 없으면 아무것도 아니다.

또한 내게 있는 모든 것으로 남을 구제하고 또 내 몸을 불사르더라도 사랑이 없으면 내게는 아무 유익함이 없다.

"사랑은 오래참고, 사랑은 온유하며, 시기하지 않는 것이며,

사랑은 자랑하지 아니하며 교만하지 아니한다.

그런즉 믿음, 소망, 사랑 이 중에 가장 위대한 것은 사랑이다." 성경 고린도전서 13장에 나오는 말씀이다.

사랑에 대해서 이렇게 간결하고 아름답게 정의한 말은 없는 것 같다. 누구나 간직하고 소중히 여겨야 할 표현이요 결혼생활의 금언이다.

사랑의 힘을 말해주는 우화가 있다.

영국의 어떤 선교사가 중국에 가게 되었다.

그가 해야 할일은 중국 사람들에게 성서의 말씀을 전하는 것이었다.

그는 거기서 만난 미국인 선교사와 함께 한 중국인의 가정을 방문하게 되었다.

중국인의 집은 깊은 산중에 있었으며 매우 가난했다. 저녁이 되어 부인이 밥상을 차려왔다. 그런데 음식이 형편없었다. 맛있는 음식을 기대했던 것은 아니지만 집어 먹을 만한 반찬이 없었다.

거기에다 그릇들이 어찌나 불결한지 도저히 음식을 먹을 수 없었다. 친절한 부인은 이들의 마음을 헤아리지 못하고 "시장 할 텐데 많이 드셔요."라고 권유까지 했다.

영국인 선교사는 마지못해 먹는 시늉을 하면서 미국인 선교사를 바라봤다. 헌데 미국 선교사는 음식이 맛있다는 듯 잘도 먹었다.

그날 밤 중국인이 내어준 방에서 미국인 선교사와 함께 잠을 자게 된 영국인 선교사는 도저히 잠을 이루지 못했다. 저녁밥을 제대로 먹지 못해 배가 고픈데다 이불에서는 이상한 냄새가 코를 찌르고 있어서였다.

그런데도 미국인 선교사는 아무렇지도 않은 듯 눕자마자 코까지 골면서 깊은 잠에 빠져들었다. 다음날 두 선교사는 중국인과 할일을 마치고 일찍 집을 나섰다.

산모퉁이를 돌면서 영국인 선교사가 미국인 선교사에게 물었다.

"어제 저녁 음식이 정말 맛있었습니까? 맛이 없는데도 맛있는 것처럼 억지로 먹었던 것 아닙니까?"

그러자 미국인 선교사가 조용히, 그리고 차분하게 말했다.

"사랑은 모든 허물을 덮는 것이지요."

바로 그렇다.

미국인 선교사는 음식을 사랑으로 알고 먹었기에 맛있게 먹을 수 있었던 것이다.

퀴퀴한 냄새를 사랑으로 알고 덮었기에 편하게 잘 수 있었던 것이다.

나를 있게 한 사회와 더불어 살자

함께하는 미덕으로 살아가렵니다.

우리 사무실 곳곳에는 거울이 있다.

자기 모습을 한 눈에 볼 수 있는 거울이 자리 잡고 있다. 직원들에게 용모를 단정히 하라는 의미로 준비해 둔 것이다.

아무리 바쁜 사람도 대부분 자신을 거울에 비춰보고 지나간다.

그 앞을 지나가면서 한번쯤 자기 모습을 비춰보고 비뚤어진 옷매무새를 바로 잡는다.

거울은 현상을 있는 그대로 보여주고 바로잡게 만든다. 그러나 거울을 들여다보며 자신의 마음을 바로 잡는 사람, 마음이 바로 서 있는 지, 비뚤어져 있는지를 가늠하는 사람은 얼마나 될까?

진정한 의미의 거울은 마음을 바로 잡는데 있으나 대다수의 사람들은 거울의 의미를 잘 모른다.

우리는 스스로를 되돌아보는 마음의 거울을 간직할 줄 알아야 한다.

미국 텍사스 주에서 있었던 일화이다.

어느 골목에서 흑인 노예와 백인이 싸우다 백인이 흑인을 죽이려고 칼을 빼는 순간이었다.

마침 그곳을 지나던 백인 목사가 이를 목격하고 몸을 날려 가까스로 칼을 온 몸으로 막았다.

노예는 다치지 않았지만 목사는 손에 큰 상처를 입었다.

노예는 그 행동에 감격하여 자기를 살려준 목사 앞에 엎드려 절하며 간청했다.

"목숨을 구해 주셔서 감사합니다. 저는 어디를 가나 노예생활을 할 텐데 이왕이면 생명의 은인이신 목사님께 일평생 충성을 다하고 싶으니 저를 데려가 주십시오."

목사는 그의 소원대로 집으로 데리고 와서 같이 살았다.

그런데 흑인 노예의 성격이 과격하고 항상 반항적이어서 해가 갈수록 목사님의 말도 제대로 듣지 않았다. 그러할 때면 목사는 아무 말도 하지 않고 그 언젠가 흑인 노예 때문에 다친 손의 칼자국을 가만히 들어 보이곤 했다.

그러면 흑인 노예는 온순해지면서 머리를 숙이고 순종했다.

은혜를 모르면 배은망덕(背恩忘德)하다는 말을 듣는다. 은혜 입은 것을 잊거나 배반하고 베풂을 받았던 것을 망각 한 사람을 일컫는 말이다.

인간으로서 가장 듣지 말아야 할 표현이다.

간혹 시간이 지나면 과거의 은혜를 잊어버리기 쉬운데 이는 은혜를 입은 자의 도리가 아니다.

혹자는 한 때의 은혜를 보답하거나 기억하기는커녕, 한 순간의 나빴던 기억이나 감정만을 앞세우며 인간관계를 몰아가는 경우가 있다. 그런 사람들은 제 스스로의 허물에 의해 더 큰 피해를 보기 마련이다. 그래서 "피해는 모래에 새기되 은혜는 대리석에 새겨라."는 말이 있는 것이다. 사회가 어렵고 혼란할수록 깊이 새겨 두어야 할 교훈이다.

짧디 짧은 인생이지만 나는 항상 나를 있게 한 본질을 생각한다. 그것은 사회라는 바다다. 그 사회는 여러 가지 요소들이 있다. 행복과 불행, 성공과 실패, 남자와 여자, 청춘과 늙음 등 수많은 인자들이 있기 마련이다.

그런데 내 눈에는 남달리 행복한 사람보다는 불행한 사람들이 들어온다. 내가 실패 후 좌절과 절망을 맛보았던 사람이어서가 아니라 내 마음에 원래부터 자리 잡고 있던, 초등학교 시절부터 발동해왔던 나눔의 미덕, 함께 사는 사회의 중요성을 느끼고 있었기 때문일 것이다.

나는 13년 동안 긴 세월을 검찰청 범죄예방 청소년 상담 활동을 해오고 있다. 이러한 경험을 바탕으로 청소년과 노인문제에도 많은 관심을 가지고 더욱 가까이 갈 것이다.

어둡고 그늘진 곳에 작은 등불을 밝혀주고 따스한 온기를 불어넣어 주는 것, 그것은 제 인생이 존재해야 하는 또 하나의 이유일 것이다.

누구에게나 삶의 의미는 있는 것이며 각자가 고상한 이념을 간직하고 있다. 유년시절부터 더불어 살면서 나누는 기쁨을 누려왔던 나에게 있어 "봉사"는 하루를 살아가는 의미이며 내 인생을 마감하기까지의 삶의 목표가 될 것이다.

관광지에 위치한 호텔은 같은 평수의 방이라도 전망에 따라 가격차가 크게 난다.

똑같은 설계에 똑같은 자재를 사용하고 똑같은 인테리어로 꾸며 진다해도 객실에서 창밖을 내다볼 때 바다가 잘 보이느냐, 산이 잘 보이느냐 즉 조망 권에 따라 가격차이가 많이 나는 것이다.

우리 인생도 마찬가지이다.

러시아 혁명과 스탈린의 배신에 바탕을 둔 정치우화 "동물농장(Animal Farm)"으로 유명한 영국작가 조지 오웰은 천재적인 머리를 가졌으나 부정적인 인생관 때문에 생긴 우울증과 폐결핵으로 47세의 한참 일할 나이에 인생을 마감했다고 한다.

그러나 미국 루주벨트 대통령부인 엘리제 루주벨트 여사는 어릴 때 고아가 되었으나 쾌활하고 원만한 성격과 긍정적인 사고로 인하여 미국의 역대 대통령 부인들 가운데 가장 호감이 가는 여성으로 손꼽히고 있다.

"벌은 물을 마셔서 꿀을 만들고 뱀은 물을 마셔서 독을 만든다."는 말이 있다.

"어떠한 삶이 맞닥뜨려져도 피하지 말고 정면으로 맞서라."

삶이란 당신이 생각하는 것처럼 그렇게 불행한 것만도 아니다.

파네보이의 명언이 말해주듯이 긍정적인 사고로 세상을 바라보니 좋은 친구와 훌륭한 선·후배가 많이 생겼다. 12월이 접어들면서 나는 예쁘고 아름다운 사연을 담은 크리스마스카드와 연말연시 연하장을 많이 받았다. 각기 다른 내용과 사연들을 나의 소중한 추억으로 간직하고픈 마음에 상자함에 차곡차곡 담아두었다. 이 또한 나의 소중한 재산으로 남을 것이다.

그 중 특별히 노언필 교수님께서 보내온 연하장을 꺼내어 본다.

+찬미예수

새해 복 많이 받으세요.

항상 마음이 따뜻하고 가슴이 따뜻한 분이라는 것을

느끼고 있습니다.

언제나 회장님께 열정을 배우고 있습니다.
회장님처럼 한결같은 분을 알고 있다는 점만으로
너무나 행복하고 기쁩니다.
진정한 아름다운 모습은
남을 위해 한 가지라도 줄 수 있는 사람이라고
생각하는데,
늘 그 일을 실천하고 계시기에
내 자신이 작아 보일 따름입니다.
내년에는 더욱 알찬 한 해되시길 빌겠습니다.
하느님의 은총이 "꿈을 전해주던 여신" 에게
몽땅 전해지길 기도할래요.
멋진 만남이었고, 행복한 시간이었습니다.

노언필 드림

"항상 격려와 사랑을 보내주신 노교수님 감사합니다."

나는 지금도 바쁘신 중에도 격려와 사랑의 글을 보내주신 노언필 교수님께 감사드리며 기도한다.

이렇듯 나에게 너무나 고마운 분들의 메시지는 삶에 지쳐있는 나를 지탱해 준다. 신바람 나며 살맛나는 세상을 만들어 준다. 세찬 비바람 속에서도 견뎌나갈 수 있는 것은 따뜻한 사람들이 전하는 사랑의 훈훈함, 그로인하여 다시금 일어서 걷게 된다. 물이 흐르고 바람이 불고 아침에 해가 뜨고 저녁에 노을이 지는 것은 세상의 모든 상처를 치유하기 위함이다. 세상의 모든 아픔을 사랑한다는 말이다.

그 사랑으로 향기 묻어나는 따뜻한 마음 여기 있으니, 정말 소중한 사람들과 함께 기쁨 나누며, 슬픔 나누면서 베푸는 미덕으로 살아가련다.

열여덟번째 마당

천의 얼굴을 가진 여인

화가 날만도 한데 그래도 웃네

사실 난 울음이 많다. 자주 운다. 걸핏하면 눈물이 나고 목 놓아 펑펑 울기를 잘하는 편이다. 그런데 나를 잘 아는 사람들도 내가 우는 모습을 본 적이 거의 없다. 그만큼 난 울음 보다는 웃음으로 세상을 살아왔기 때문이다. 체구도 작지만 오히려 마음이 여리다는 말을 많이 듣고 살아왔다. 그런 여린 성격에 어떻게 그리 항상 웃는 모습을 짓느냐는 질문을 자주 받는다.

일단 집 밖을 나서는 순간 나는 "천사표" 웃음을 지으며 산다. 한국 사회에서 여자로서 사업을 한다는 것이 보통일은 아니다. 속상한 일이 계속되고 남자처럼 술 한 잔 마시고 따지거나 마음을 달랠 여유도 시간도 없다. 남편과 자식들 뒷바라지를 해야 한다는 강박 관념이 머리에서 떠나본 적도 없다.

밖에서 힘들게 일하고 집에 들어오는 날이면 눈이 퉁퉁 붓도록 울었다.

그러나 언제나 아침이면 난 햇님이었다. 해바라기처럼 해맑은 웃음을 지었다. 그런 나를 보고 붙여준 별명이 "천의 얼굴" 이다. 마치 연극배우가 무대에서 카멜레온처럼 색색이 극중의 인물에 맞게 연기를 해내는 것처럼 항상 웃고 사는 것을 보고 주변에서 붙여준 별명이다. 얼핏 듣기엔 신뢰감이 없이 수시로 변하는 것으로 잘못 이해할 수도 있지만 그것은 아니다. 모두가 다 절망하는 슬픈 상황에서도 쉽게 분위기를 바꾸면서 다시 웃는 분위기로 만드는데 강한 힘이 있다는 것이다. 비가 오나 눈이 오나 항상 긍정적이고 적극적으로 웃으며 살려고 노력하는 나의 삶의 방식에 대한 주위 지인들이 붙여준 애칭이다. 그래서 나는 오늘 하루도 웃음으로 시작한다. 내일도, 모레도 그러리라.

추석 대목을 며칠 앞둔 어느 날이었다. 가게에 물건을 대기 위해 이른 새벽에 충장로에 나갔다. 낮 시간에는 차를 대지 못하기 때문에 밤이나 새벽 시간을 이용해야 점포에 필요한 물건을 댈 수 있는 것이다. 가게 앞에 다 와가는 지점에서 신호등에 걸려 푸른 신호가 떨어지기를 기다리고 있을 때다 갑자기 뒷차에서 사람이 내려오더니 온갖 욕설을 해댔다.

"여자가 집구석에 틀어 박혀서 밥이나 해 처먹을 것이지 뭣 하러 새벽부터 차를 끌고 나왔냐."는 것이다. 막말은 계속됐다. 당연히 신호위반이라도 하고 급한 길을 가야하는 자기 앞을 감히 그것도 아침부터 재수 없게 여자가 막느냐는 것이었다. 순식간에 삿대질을 하면서 달려들어 무척 황당했다.

그러나 난 씩 웃어보였다. "바쁘시지요 이잉, 그냥 가불까요? 그러면 얼른 뒤로 가서 차 타세요. 내가 가불랑께. 그 뒷사람이 쫓아와서 성질내면 어쩔라고 그러요." 거의 폭력을 휘두를 것 같던 기세의 남자는 오히려 당황해 하면서 꽁무니를 빼버렸다.

여자가 사업을 하려면 이 정도는 돼야 한다. 특히 한국 남성의 우월적 사고가 변하지 않는 한 그 정도는 아무 것도 아닌 것이다. 20여년이 넘게 사업을 하면서 내가 받은 상처로 말하면, 날마다 고통의 밤을 지새운 것으로 말하면 난 이미 눈물이 말라버린 셈이다. 나올 눈물이 없어서 웃는다고 생각하며 산다. 그 만큼 많이 울었기 때문에 이젠 웃을 일만 남았는지도 모른다. 아무튼 난 웃음으로 하루하루를 보낸다. 그것이 이미 몸에 베어 있다. 더욱이 그것이 많은 사람들을 즐겁게 하고 행복하게 한다면 얼마나 좋은 일인가. 나 하나의 슬픔 쯤이야 이미 초월한 지 오래됐다.

그러나 슬픈 영화를 보면 남보다 깊은 눈물을 보이고 불우한 이웃을 보면 훨씬 마음 아파하는 것도 쉽게 그들의 어려움에 동화되기 때문이라고 생각한다. 어느 시인은 콩나물 시루속의 콩나물을 보면서 좁지만 나란히 함께 살아가는 법을 배웠다고 노래했다. 난 사람 속에서 부대끼면서 그 안에서 상처받고 자존심 버리면서 함께 나누고 살아가는 진리를 얻었다.

데일 카네기의 <인생은 행동이다>중에 나오는 구절은 항상 나를 행복하게 한다.

나는 매일 아침 눈을 뜨자마자 제일 먼저 감사할 일들을
머리 속에 그려 보려고 노력했다.
라디오에서 흘러나오는 아름다운 음악 소리, 책을 읽는 시간, 맛있는 음식, 나를 아껴 주는 사람들, 다정한 친구들을 생각했다.
그 효과는 대단했다.
그것은 행복과 건강을 가져다주는 사상이었다.

세상 모든 일을 긍정의 쌀독에 담아두면 어떨까? 그러면 우린 부쩍 행복해져 있음을 느낄 수 있을 것이다. 연말에 내야할 세금이 있다면 그건 나에게 직장이 있다는 것이고, 잔치 뒤에 치워야 할 게 너무 많아 힘이 든다면 그건 친구들과 즐거운 시간을 보냈다는 것 아니겠는가.

차량을 주차할 때 보면 조금이라도 가까운 곳에 대기 위해 아웅다웅하는 모습은 또 얼마나 볼상 사나운가. 주차장 맨 끝 쪽 가장 먼 곳에 겨우 자리가 하나 남아있다면 차도 파킹하고 적당히 걸을

수 있어 좋다고 생각하며 살자.

추운 겨울 난방비가 너무 많이 나왔다고 가족들을 닦달 할 것이 아니라 나에게는 집이 있고 그 곳에서 따뜻하게 살고 있다고 생각하자. 세탁하고 다림질해야 할 옷이 산더미처럼 밀려 있다고 불평을 할 것이 아니라 내 몸은 비록 피곤하지만 내 남편과 내 자식들에게 입혀줄 옷이 이렇게 많구나 라고 생각하면서 살자.

열아홉번째 마당

꿈을 주는 여인, 행운을 주는 여인

희망과 용기를 주는 한 마디의 칭찬

난 유난히 아이들을 좋아한다. 아니 정확하게 말하면 남의 일에 관심이 많다. 더 정확하게 표현하자면 길가에서 만나는 사람과 그냥 지나치는 법이 없다. 남에게 칭찬을 하기 위해서다. 그 칭찬에는 희망과 용기를 담아야 한다. 기분 좋은 말 듣기 좋은 말을 건네는 것이다.

아파트 입구에서 만나는 아이들에게 그냥 지나치지 않고 머리를 쓰다듬으면서 반드시 칭찬과 덕담을 건넨다.

"아이구 예쁘다. 미스코리아 되겠다. 으음 듬직한 것이 장군감이다. 야, 너는 커서 대통령이 되거라. 아주 똑똑하고 잘 생겼구나." 만나는 아이들 마다 이 같은 관심과 배려를 몸에 베이게 하고 있다.

이 같은 마음은 노인들을 만나서도 이어진다.

"할머니 어쩌면 그렇게 얼굴이 동안(童顔)이세요. 꼭 처녀 때 같이 화사해요. 하나도 안 늙으셨어요. 할아버지는 늘 마음을 비우고 편안하게 잡수세요. 20년은 젊어 보여요. 항상 즐거운 마음으로 사세요. 쉬지 마시고 손뼉치고 노래하고 그렇게 즐겁게 사셔야 해요"

남에게 칭찬을 하는 것처럼 쉽게 호감을 사는 길은 없는 것 같다. 금방 동화가 되고 말하는 자신도 그렇게 기분이 좋을 수가 없다.

"칭찬은 고래도 춤추게 한다" 라는 책이 있다.

켄 블랜차드의 작품으로 우리 나라에서도 베스트셀러가 되었다.

인간지능의 1/100이 채 안되는 고래도 조련사가 칭찬을 하니까 춤까지 추더라는 것이다.

돌고래는 원래 춤추는 구조로 생기지 않았지만 조련사가 원하는 행동을 할 때 칭찬을 하고 고등어 한 마리씩을 주니까 멋진 춤을 소화해 내더라는 것이다. 사람을 춤추게 하는 것은 돌고래보다 훨씬 쉽다. 사람을 춤추게 하는 것은 고래가 춤추게 하는 것의 1-2%만 노력해도 가능한 것이다.

GE의 잭 웰치 전 회장은 저서에서 자신이 훌륭한 경영자가 될 수 있었던 이유로 "너는 할 수 있다. 틀림없이 해낼거다!"라는 어머니의 칭찬과 격려를 들고 있다.

이 세상에 칭찬을 싫어하는 사람이 있을까? 평소 칭찬하는 것뿐 아니라 받는 것에도 인색했던 나폴레옹에게 한 부하가 말했다.

"각하 저는 각하를 대단히 존경합니다. 칭찬을 싫어하는 각하의 성품이 마음에 들었기 때문입니다." 그러자 나폴레옹도 흐뭇해 했다고 한다. 한 천하의 영웅 나폴레옹도 칭찬에 마음이 움직였던 것이다.

이 외에도 한 마디 칭찬으로 평범하게 될 사람을 위대한 성공자나 승리자로 만든 일화는 우리 주변에 수 없이 많이 있다.

칭찬은 사람을 거듭나게 하는 위력이 있다. 칭찬은 할 수 있다는 자신감을 가지게 한다.

14년 전 광주광역시 남구 봉선동 지금의 아파트로 이사를 했을 때의 일이다. 친구들이 집들이를 왔다. 넓은 평수에 거실과 베란다에 가득 찬 수석과 난을 보고 친구들이 감탄사를 절로 토해냈다. 그 당시만 해도 50평이 넘는 아파트가 그다지 많지 않았던 때이다. 난 수석과 난을 보관할 큰 집이 필요했기 때문에 그곳으로 이사를 했었다.

그런데 영미라는 친구가 아파트를 둘러보고 유난히 부러워했다.

"나도 이런 집에서 한번 만 살아봤으면 원이 없겠다. 우리는 꿈속에서나 볼 수 있는 환경이다. 어릴 적 시골에서 소꿉장난하면서 잡초처럼 뒹굴고 자라난 네가 아니냐. 그런데 이렇게 맨주먹으로 인생을 바꾸다니….

넌 우리에게 꿈과 희망을 주는 친구로구나. 거기에 행운까지 가져다주는 여인이 되어다오"

돌이켜 보면 나도 그 말을 들은 이후로 더 자신감을 가지고 더욱 적극적으로 살고 모든 것을 더 긍정적으로 이해하면서 남에게 은근히 꿈과 희망을 주려고 노력했던 것 같다. "꿈을 주는 여인, 행복을 주는 여인" 좋은 말이었다. 생각할수록 가슴에 와 닿는 뭔가가 있다. 정말 이웃과 나를 아는 모든 사람에게 꿈과 행복을 파는 전도사가 되고 싶다.

남에게 해 끼치지 않고 성실하게 땀 흘려서 물질적인 풍요를 이루고 정신적으로도 항상 웃고 이웃과 쉽게 동화되면서 누구에게나 부담을 주지 않는 모습에서 비롯된 닉네임이라면 싫어할 이유가 없었다.

그렇다. 이웃을 만나면 빙그레 웃고 누구를 만나거나 옛 친구같이 다정다감한 모습으로 만나는 길은 세상을 밝게 하고 나를 즐겁게 하는 가장 빠른 방법인지도 모른다. 남에게 꿈을 주면서 세상을 살아야 하겠구나, 라고 이때부터 마음먹었다.

우리 속담에 "말 한마디로 천냥 빚을 갚는다."는 말이 있다.

우리 속담에는 말에 관한 속담이 유난히 많다. "가는 말이 고와

야 오는 말이 곱다.", "말 많은 사람의 집은 장맛도 쓰다.", "발없는 말이 천리 간다." ... 등등

우리 혀끝에서 나오는 한마디의 말이 그만큼 크다는 의미로 말을 값있고 좋게 사용하고, 항상 언행에 행불행과 성패가 달려있으니 신중히 사용하라는 우리 조상의 슬기가 담겨져 있는 것이 말에 대한 우리 속담이다. 칭찬과 격려하는 말과 행동으로 모두가 함께 성공하자.

세상에서 가장 중요한 의사소통이 말로써 이루어져 상대방과 관계를 가지고, 생각을 말로 표현할 수밖에 없기 때문에 우리는 항상 말을 중히 여기고 상대방의 말에 관심을 가지고, 경청해야한다. 뿐만 아니라 말에는 혼과 정신이 들어있기 때문에 종종 우리 인간은 말 한마디에 성공도 하고 좌절도 겪는다. 가까운 일본에도 언어에는 혼이 담겨져 있다는 언어중시의 언령(言靈)사상이 깊게 자리잡고 있어 일본사람들이 약속을 잘지키고 친절한 국민으로 거듭나 세계적인 신의의 국가로서 경제대국이 된 바탕이 되었다고 한다.

이처럼 말은 한 개인의 정신세계는 물론 사회와 국가의 신뢰사회의 바탕이 되는 것이다. 말 한마디에 세상이 바뀔 수도 있고, 혼란스럽게도 되기도 하며, 한 개인의 운명이 바뀔 수도 있다.

붉은 머리카락을 가진 한 폴란드 소년이 있었다.

어려서부터 유명한 피아니스타가 되는 것이 소원이었던 그 소년은 음악 학교에 입학하여 꿈을 키워 나갔다. 하지만 지도 교사는 "손가락이 짧아 대성하기 어렵다"고 지적했다. 실망한 소년은 피아니스트를 포기하려고 했었다.

그러던 어느 날 그 소년은 귀족의 만찬회장에서 우연히 피아노를 치게 되었다. 그런데 식사가 끝날 무렵 한 신사가 소년의 등을 부드럽게 두드리며 "피아노 소리가 정말 훌륭하군. 정말 탁월한 소질을 갖고 있어" 하고 격려의 말을 해주었다. 소년은 그 신사의 격려에 용기를 얻어 그 날 이후로 하루에 입곱 시간 이상 피아노 연습에 열중했다. 그리하여 마침내 세계적인 피아니스트가 되었고, 조국 폴란드 독립운동을 하다가 폴란드가 독립하자 폴란드 초대 총리가 되었다. 그 사람의 이름은 이그나치 얀 파데레프스키다.

희망의 말은 미래를 밝히는 환한 등불과도 같다. 남을 위한 한 마디의 긍정적인 격려가 때로는 사람의 운명을 바꾸어 놓을 수 있다.

일본의 물 연구가인 에모토 마사루는, 우리가 하는 말이 물의 결정체에도 직접적인 영향을 미친다는 실험 결과를 발표했다. 사랑, 감사 등의 말을 들은 물은 활짝 핀 모양의 결정체를 가지고, 미움, 저주의 메시지를 들은 물은 제멋대로 흩어져 찌그러진 결정이 형성되었다고 한다. 우리 몸에서 물이 70퍼센트 이상을 차지하므로, 격려가 되는 한마디의 말이 우리 신체에 새로운 에너지를 줄 수 있음은 당연하다고 생각한다.

우리 서로 긍정적인 격려의 말들을 해주자.

말 한마디가 타인에게의 운명만 바꾸는 것만은 아니다. 내 하는 모든 말은 나의 잠재의식에 그대로 흡수되어 내 생활을 지배하게 된다. 나의 말을 나 자신이 제일 많이 듣고 있기 때문이다.

우린 하루에도 수 십 명의 사람들을 만난다. 그 사람들 모두가 꿈과 희망을 주는 것은 아닐 것이다. 때로는 만나고 싶지 않은 사람과도 피할 수 없는 만남을 가져야할 때도 있을 것이다. 그러나 우리에겐 웃음이라는 무기가 있다. 내면에서부터 형제처럼 친구처럼 이웃처럼 가족처럼 대하는 연습을 하자. 그것이 나의 철학이요 생활이 돼 버렸다. 굳이 누군가에게 꿈을 주지 못하더라도 용기와 희망을 갖게 하는 말 한마디는 그 사람의 인생을 바꿀 수 있는 계기가 될 수도 있다.

세상의 모든 사람들이 꿈과 희망을 잃지 말고 먼 하늘을 바라보면서 살았으면 좋겠다. 거기에 행운을 주는 여인이 있고 꿈을 주는 여인도 함께 할 것이다. 그것이 즐거운 세상이다.

백두산천지에서

스무번째 마당

나순자라는 나무 한 그루

내 나무는 어떤 나무일까?

아름다운 숲 속을 거닐다 보면 울적했던 마음이 한결 차분해지는 느낌을 받는다. 숲은 어머니의 품속처럼 언제나 변함없이 아늑하고 따스하다. 바깥세상의 요란함에 결코 흔들리지 않고 오랜 세월 동안 그렇게 푸름을 간직한다.

이 같은 숲 속의 나무에는 여러 가지 종류가 있다.

진달래, 앵두나무 처럼 키가 작은 목본(木本) 식물인 관목이 있고, 소나무처럼 줄기가 곧고 굵으며 높이 자라는 교목이 있다. 또한 1년 내내 잎을 달고 있는 상록수와 겨울이나 건기에 잎을 떨구는 낙엽수가 있다. 나무의 성질은 그들이 살고 있는 환경에 의해서 어느 정도 변화해 간다.

이런 나무들을 보고 나는 가끔 이런 생각을 한다.

"내가 만약 나무라면 어느 부류에 속할까?"

나무는 각기 특성을 가지고 있다. 자신이 감당 할 수 없는 욕심을 낸다고 해서 다 이룰 수는 없다. 관목이 크고 싶어 한다고, 또 자랄 만큼 자랐다고 해서 과연 얼마나 클 것인가?

내가 부족한 나무라면 부족한대로, 그에 맞는 역할을 하면 그것으로 자기의 몫을 다하는 것이다. 나무가 높이 자란다고 해서 다 좋은 나무일 수는 없다. 큰 나무든 작은 나무든 모두 자기 할일이 따로 있기 때문이다.

나는 결코 큰 나무가 되기를 원하지 않는다. 비록 키는 크지 않지만 다람쥐의 벗이 되고 산짐승의 친구가 되는, 필요한 나무가 되고 싶다. 산에는 큰 나무만 있는 것이 아니다. 작고 아담하지만 그 나름대로 숲을 이루는데 없어서는 안 될 나무인 것이다. 외로운 산행을 하는 사람에게는 쉬어가는 표지목이 되기도 하고 말벗이 되기도 한다. 인생도 마찬가지라 생각한다.

세상 모든 사람들이 높은 곳에 오르기만 한다면 사회는 금방 무너져 내리고 말 것이다. 성경 말씀에도 "스스로 낮아지기를 원하면 높아질 것이라"고 했다. 내 자신을 낮추는 삶, 그것이 봉사의 삶인 것이다. 나순자의 나무는 "작지만 큰 사랑의 나무" 이고 싶다. 옹기종기 알콩달콩 큰 나무 사이를 지키는 아기자기하고 사랑 가득한 숲 속에서 없어서는 안 될 나무가 되고 싶다.

스물한번째 마당

노인들의 버팀목이 되고 싶어

희로애락 함께 하면 한없는 행복감

어릴 적 나는 유별나게 부모님을 사랑하고 존경해 왔다. 나의 기억에는 우리 아버지는 키가 작고 못생겼었다. 생전에 양복 한 벌 입어보시지 않으시고 이승을 마감하신 분이시다. 아버지께서 하늘나라에 가신지도 벌써 9년이 되었다. 욕심 없이 살다 가신 전래동화에 나오는 홍부 같은 분이셨는데….

어린 내 기억엔 우리 집은 동네 사랑방이었다. 남녀노소 할 것 없이 하룻밤 신세를 지고 가는 곳이기도 했다. 나그네들의 정거장이나 마찬가지였다. 후덕하고 손이 크신 우리 엄마 역시 아버지께서 원하시는 대로 넉넉한 인심을 아낌없이 베풀어 주시는 분이어서 더욱 그랬다. 그래서 우리 집 밥솥은 큰 가마솥이었다.

그러한 부모님을 존경하고 사랑하다가 돌아가신 뒤로 허전한 마음 달랠 길 없어 찾아간 곳이 노인들의 쉼터이다. 쉼터라고 해봤자 딱히 좋은 시설이 있는 것도 아니고 공원의 그늘진 곳이면 쉬기가 편한 곳이다. 바람 잘 통하고 더위 피할 수 있어 좋고 여름에는 특히 할 일없는 노인들의 집합소가 돼 버린 곳이다. 난 오래 전부터 광주공원 사랑의 쉼터와 노인정 찾는 것을 좋아했다. 평생을 남에게 베풀면서 살아오신 부모님 밑에서 자란 덕택이라고 생각한다.

광주공원 사랑의 쉼터는 김규옥 목사님이 20여 년 동안 수 백 명의 노인들을 봉양하며 친구가 되어주고 정성으로 점심을 주는 곳이다. 젊은 날엔 허리가 휘어지도록 고생하고 나라를 지켜온 분들, 자식들 키우느라 입을 것 못 입고 먹을 것 못 먹고 이 세상 온갖 희생은 다 한 세대들이다. 그런데, 언제부터인가 이 사회의 천덕꾸러기가 되어 내침을 당하고 있는 불쌍한 분들이다.

자식들에게 주는 돈은 아깝지 않지만 부모에게 주는 용돈은 너무나도 인색한 현대인들. 오늘날 우리나라는 세계 12위라는 급격한 경제성장을 이루어냈다. 그것을 자랑스럽게 떠들어 댄다. 그런데, 이처럼 잘 사는 국가로 만들어낸 세대들이 바로 갈 곳 없는 저 노인들이다는 생각을 하면 한없이 가슴이 미어져온다. 올 겨울은 또 어떻게 추위와 싸우면서 지내실까? 잘 버텨내셔야 할 터인데….

옛말에도 노인들을 공경하면 복을 받는다고 하였다. 흘러간 물도 노인에게 떠드리면 공이 된다고 하지 않았던가. 동방예의지국이라는 말이 무색할 만큼 이렇게 노인들을 천덕꾸러기로 만든 현실이 너무나 가슴 아프고 안타깝다.

그래서 나는 노인복지에 관심이 많다. 젊은 날에는 이 나라를 일으켜 세운 주역들이고 누구나가 노인이 되지 않을 사람이 없건만 노인들을 위한 정책은 경제성장과는 영 딴판인 듯하다. 노인들을 위로해주고 그들과 희로애락을 함께하며 나의 노후도 갈무리하는 것이 나의 꿈이다. 10년이 넘게 노인들에게 사랑의 점심을 제공해 드리고 있는데 그날이면 그렇게 행복할 수가 없다. 노인들과 함께 있으면 마음마저 편안해 진다. 그것이 나의 행복인 것 같다.

백낙천 시인은 "인생은 부귀로써 낙을 삼는다면 좀처럼 낙을 누리지 못한다."고 했다. 누구나가 자신의 삶에 만족을 느낀다는 것은 참으로 행복한 일이다. 즐거운 마음으로 이웃을 돕고 베풀어주고 공경함으로서 만날 수 있다면 이 얼마나 행복한 일인가.

광주공원 '사랑의 쉼터'봉사활동

하나 뿐인 사랑

사랑은 둘일 수 없습니다.
하나지만 창대하기 그지없습니다.
헤아림을 가늠키 어렵습니다.
오직 장엄하고 지고할 뿐입니다.

사랑은 위대합니다.
위대함은 그저 존경스럽습니다.
존경의 크기는 헤아릴 길이 없습니다.
오직 외경의 대상일 뿐입니다.

사랑은 기원입니다.

그 기원의 크기는 끝을 모릅니다.

가없는 기원은 그리움으로 승화되어 백합 향기로 나부낍니다.

사랑은 고독입니다.

그 고독은 뼛속까지 파고드는 인고의 상처입니다.

오직 하나임과 그 위대함과 기원을 인고로 엮어

삶의 편린 속에 오늘도

메아리 없는 포효를 토해 냅니다.

사랑한다고…

내 삶을 사랑한다고…

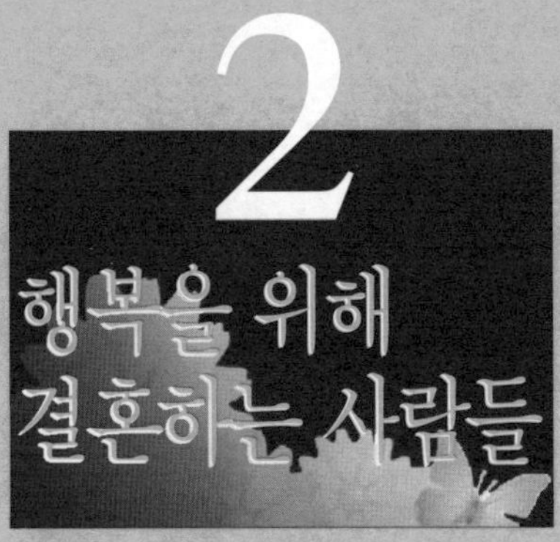

2 행복을 위해 결혼하는 사람들

사람들은 행복하기 위해 결혼한다.
이 세상에 불행하기 위해 결혼하는 사람은 아무도 없다.

너무나 당연한 말이지만
많은 갈등과 아픔을 겪고 있는 부부들도 많이 있다.
그러나 이 조차도 하지 못하는
짝 없는 외기러기들이 더 많다.

지난 15년 동안 한 가정, 한 가정
소중한 보금자리를 만들어 주고 있는
사랑의 전령사
(주)코리아웨딩스쿨 나순자 대표의
진솔함이 묻어나는 이야기 항아리를 풀어 놓았다.

행복하기 위해 결혼하는 사람,
행복한 결혼을 영위 하고픈 사람들의 인생 지침서가 바로
이 책이 아닐는지….

첫번째 마당

국제결혼에 나서기까지

긴 겨울 뒤에 반드시 봄이 온다

한없는 기다림…

사랑하기 위해서 사랑하는 법을 배워야 한다면, 기다림과 그리움, 그리고 안타까움까지도 견딜 줄 아는 법을 배워야 한다.

그리움은 기다림에서 시작되어 긴 항해를 한 뒤에 사랑이라는 열매를 맺는다. 그리고 참가정과 생명은 그 안에서 시작된다.

"저 안녕하세요! 반갑습니다. 백포 이장님소개로 찾아왔습니다. ○○○씨 맞죠!"

반갑게 인사하며 다가가 명함을 드린다.

얼떨결에 명함을 받아든 상대방은 이내 얼굴 표정이 변한다.

"내가 뭣이 부족해서… 이 사람들이 날 어떻게 보고 이래.

어렵사리 소개를 받아서 찾아가 인사를 하면 상대방은 말을 듣기도 전에 마음의 문을 닫아 문전박대하기 일쑤다.

앉을 수도 서 있을 수도 웃을 수도 울 수도 없다.

대개 국제결혼이라는 말이 자신에게 전해지게 되면 대개 나타날 수 있는 보편적인 현상이다.

더욱 심한 경우에는 어떻게든 결혼을 시키려는 부모님과 한사코 자존심을 내세우는 아들은 종종 실랑이를 벌이기도 한다.

자신은 혼자 살려니까 국제결혼은 부모님하고 이야기를 하라는 것이다. 그것이 빈말이든, 상처받은 최소한 자존심에서 나오는 말이든 간에 이런 경우는 앙꼬 없는 찐빵이 돼버린 셈이다.

결혼 당사자가 없는데 어떤 이야기를 하라는 것인지….

소개를 받고 찾아갔지만 이런 경우 결혼을 한다는 것인지 안한다는 것인지… 좀처럼 감을 잡기가 힘들 때가 많다.

하지만 난, 이런 어떤 상황도 이해할 수 있다. 좀 더 정확히 말하자면 이해할 수 밖에 없다.

그들은 본의 아니게 사회의 불균형과 모순 속에서 대개는 30여 년 많게는 40~50여 년을 독신이라는 억울한 주홍글씨를 달고 울분을 달래며 살고 있다.

하지만 중요한 것은 그 세월동안 사랑도 해 보고 그 사랑으로 인해 상처도 받아 보았고, 끊어져버린 인연을 다시 맺고자 노력도 해 보았던 사람들이다. 그 과정에서 겪은 시련과 아픔, 그리고 그러한 감정들이 그들의 마음의 문을 꽁꽁 닫히게 만들어 버렸다.

현대를 살아가고 있는 우리들은 다양한 과정을 거쳐 오면서 느끼고 체험했던 감정들은 중요하게 생각하지 않고 있다. 다만 눈으로 확인 할 수 있는 결과만 놓고 그 사람을 평가하고 있다.

시골일수록 이러한 현상들은 많아진다.

하지만 그들이 무엇을 필요로 하는지 무엇을 원하는지 마음을 열어놓고 다가서면 문제는 바로 해결될 수 있다.

그들이 선뜻 이러한 고민들을 터놓고 이야기 할 수 있는 사람도 없고, 제도적으로 해결할 장치도 우리 사회는 전반적으로 부족한 실정이다. 하지만 사실 본인들도 국제결혼이 자신의 일이 될 수 있다는 생각을 하면서 살아가고 있는 것을 느낄 수는 있다.

그러나 대부분의 당사자들이 편견과 선입관을 가지고 있다는 것이다.

가정방문 상담중

"내가 국제결혼을 하면 다른 사람들이 날 부족한 사람으로 보겠지."

"내가 국제결혼을 하게 되면 첫사랑 했던 사

람은 날 비웃겠지."라는 지극히 부정적이고 자학적인 시각과 "혹시 국제결혼 한다고 돈만 많이 주고 사기 당하지는 않을까?"

"혹시 국제결혼 해 놓고서 마누라가 도망 가버리면 어떡하지?" 등 막상 어렵게 결정을 내려 결혼해 놓고 결혼 후의 일까지 걱정이 되는 것이다.

거기다가 말도 안통하고 문화도 다르다는 점에서 아예 자신감을 잃어버리는 경우도 많다.

또 "2세가 태어나서 학교나 사회에서 따돌림이라도 받으면 어쩌지?"라는 각종 매스컴에서 나오는 국제결혼에 대한 사기나 문제점에 대한 정보와 주변에서 들은 좋지 못한 이야기까지 더해져 아예 대화의 문을 닫거나 결혼 자체를 포기하고 사는 경우가 대부분이다.

그러나 내가 차근차근 대화를 하고, 당신들의 편에서 사실대로 성실하게 이야기를 하니까 돌처럼 단단한 마음의 빗장을 열기 시작한다. 그럴 때가 가장 기쁘고 보람이 생기고 힘이 솟는다. 사람은 진실이 통할 때 가장 기쁘다는 것을 실감한다. 나를 만난지 1시간이 지나면 당신 같은 사람이면 믿을 수 있겠다며 정말 좋은 여자 만나게 해 달라는 주문이 들어온다.

이런 노력의 결과로 올해 여수시와 해남군, 화순군, 그리고 순천시에서 주관하게 되어 담당 공무원들과 동행하여 국제결혼신청자들의 가정방문상담을 실시했다.

지방자치단체에서 주관을 한다고 해도 의심과 의혹의 눈길을

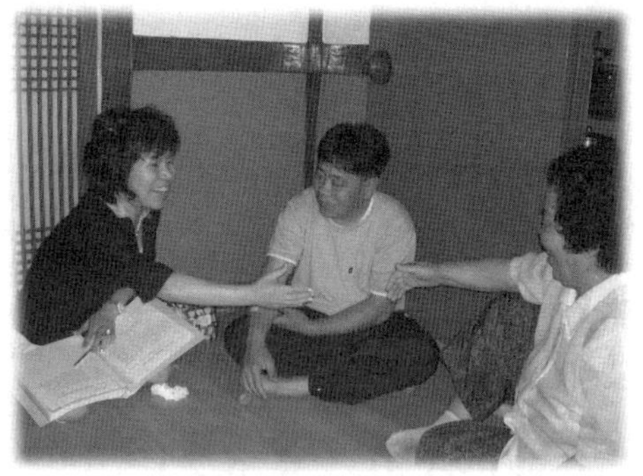
가정방문 상담

피할 수는 없다.

당사자는 물론이고 늙으신 노모, 그리고 형제들의 불신의 말들은 신청자의 마음을 더욱 힘들게 하고 지치게 한다.

사실 혼자 사는 외로움의 혹독함은 당사자가 아니고서는 알 수 없다.

더욱이 30, 40년 더 길게는 50여 년을 혼자서 지낸다는 것은 어찌 보면 그들에게 외로움은 가혹함을 넘어 형벌인 것이다.

이러한 반사회적인 조건을 가진 그들은 사회에서나 직장에서나 가정에서나 소외되고 위축하게 되고 자연적으로 자포자기되어 자학적이기 쉬워진다.

내가 만난 몇몇 사람들도 굉장히 소심하고 적극성이 떨어진다고 생각했던 사람들이 막상 결혼을 하게 되고 신부가 들어와 가정생활을 하게 되면서 소심했던 성격이 긍정적이고 적극성을 띠면서 확연히 달라지는 모습들을 많이 보게 된다. 이들은 진정한 사랑을 하는 법을 한없는 기다림과 외로움을 통해 스스로 배웠던 것이다.

가정방문 상담

두번째 마당

출국, 그리고 맞선과 결혼식

나의 연분이 바다 건너에 있었다

어렵게, 정말 어렵게 모든 결정을 했다. 일단 주사위는 던져진 것이다.

처음 만남에서부터 최종 결정을 내리기까지 미적미적 늑장을 부리던 예비 신랑들이 바빠지기 시작했다.

사실 4~5시간 이상씩 버스를 타고 다시 4~5시간 비행기를 타고 낯설은 먼 이국땅에서 나의 평생 반쪽을 찾아야 한다는 것은 보통 정성 가지고서는 안 되는 일임이 분명하다.

모두들 설렘 반 두려움 반으로 몇 시간 후 펼쳐질 또 다른 현실을 기다리고 있다.

약간의 알코올로 두려움을 달래고 함께 동행하게 되는 결혼동기생들과 수다로 설렘을 달래며 거침없이 고속도로를 달려 바다 위를 날아 그곳으로 간다.

현지에 도착하여 치러내야 할 어마어마한 일들이 일사천리로 진행되는 것에 대해 입을 다물지 못한다.

두근두근 드디어 자신들의 평생 동반자를 선택하는 순간이다.

나는 이 순간마다 한구석에서 잠자고 있고 쉬고 있는 모든 촉각과 후각, 청각 온몸의 세포들을 전부 깨우기 시작한다.

나는 집중하지 않으면 안 되고, 섣불리 행동해서도 안 되며, 경솔하게 조언해서도 안 된다는 삼불행(三不行/세 가지 해서는 안 될 행동)을 마음속에 새기고, 모든 개인 신상에 대해서는 진실로 말해야 하고, 상대국가나 개인 현실에 대해서도 진실을 말해야 하며, 앞으로 진행되어질 결혼생활에 대해서도 정확히 말해야 한다는 삼진언(三眞言/세 가지 진실로 전해야할 말)을 행하여 왔다. 그리고 또 현재처럼 언제까지라도 이 세 가지 하지 않아야할 것과 세 가지 진실한 정보전달을 나의 철칙으로 삼을 것이다.

베트남여성 회원과
한국예비신랑들과의 첫만남

이 순간만큼은 어느 누구라도 두 눈에서는 빛이 나고 두 귀는 쫑긋 세워야 한다.

서로가 무엇을 원하는지 잘 듣고 자신과의 여건이 맞는지 자유롭게 대화할 수 있도록 각 커플들에게 나와 통역사는 조언과 가이드 역할을 해 준다.

"긴 세월을 돌아 더디게 그리고 조심스레 다가온 나의 연분이 바다 건너 이곳에 있다니 감사합니다. 감사합니다."

아마도 이때부터 우리 신랑들은 나에게 장모님! 장모님! 하며 나를 따르게 되는 것 같다.

현지에서 우리 회사의 여성회원을 모집 선별할 때도 마찬가지였다.

각 현지마을 곳곳을 다니면서 가정방문을 통해 부모님의 동의를 얻고 한국에서 내가 친정엄마 역할을 해 주겠다는 약속을 하고 실제로 "국제결혼가정 2세돌봄후원회"를 결성해서 친정엄마 역할을 톡톡히 해 주고 있기 때문이다.

친정엄마 맺어주기 행사

각자의 커플이 선택되면 정말로 눈코 뜰 새 없이 바빠진다.

신부들은 마사지와 웨딩 드레스 선택 그 외 가족과

친지들에게 결혼식을 알려야 하고 신랑 신부는 이때부터 함께 다니면서 쇼핑과 결혼식 준비를 해야 한다.

그리고 시집 장가가는 날!

이른 아침부터 신랑 신부들은 꽃단장하기 바쁘다.

꽃단장을 하고서 공원 등지에서 웨딩포토 야외 촬영이 시작된다.

우리 신랑신부 특히 우리 신랑들이 가장 힘들어 하는 시간이다.

사진사들의 민망한 포즈 요구에 진땀을 한 서말 정도는 흘려낸다.

이 웨딩야외촬영이 끝나면 결혼식장으로 들어간다.

화려한 공연과 함께하는 결혼식, 폐백 그리고 처가 식구들과 첫 만남인 피로연자리 많은 신랑들은 피로연 자리에서 눈물을 흘린다.

여기 한 신랑의 진심이 전해지는 감동적인 글이 있어 옮겨본다.

"가슴속 깊이 꾹 참고 있던 눈물이 흐르기 시작했다.

바보 같아 보일지 모르지만 참을 수가 없었다.

이틀 동안의 짧은 만남으로 그녀에 대해 무엇을 알았겠습니까만 그녀의 가족 친지들 앞에서 하루아침에 내 여자로, 나의 곁으로 데려간다는 사실이 믿기지 않을 뿐더러 죄스러움까지 한꺼번에 밀려들어 흐르는 눈물을 참을 수가 없었다."

- 여수 미평동 윤상준 -

왜, 그들이 눈물을 흘려야만 하는지는 더 이상 설명할 필요가 없을 것이다.

혼자 외롭게 살아온 그네들에게도 기회가 주어지면 얼마든지 사회와 이웃에 대한 무시와 비난이 아닌 감사와 감동의 마음이 살아 있기 때문이다. 나는 불행한 이웃에게 마음을 닫고 사는 사람들에게 마음을 열어주고 용기와 희망을 나누어 주고 싶은 것이다.

그래서 나는 그들에게 있어서 최고의 날로 선물하고픈 마음으로 매번 결혼식에 최선을 다한다. 베트남 현지에 도착하는 순간 나는 더 이상 봉사단체회장도, 한기업의 CEO도 아니다.

실오라기 한 올 한 올 엮어가는 정성으로 섬세한 어머니의 마음으로 오로지 그들에게 있어서는 가장 중요한 되돌릴 수 없는 소중한 순간들이기에 1분 1초라도 심혈을 기울려 최선의 노력을 다한다.

그런 대가로 내가 가져오는 것들은 소중한 그들의 행복한 미래와 그들과 앞으로 함께 할 수 있는 인연의 세월들일 것이다.

나는 그걸로 족하다.

내가 그들을 한 가족으로 받아들이고 그들
또한 나를 한 가족으로 받아들여 줄 수 있는 마음을 얻는데 그 어떤 소득을 여기에 견줄 것인가?

세번째 마당

잊지 못할 1박 2일의 신혼여행

짧은 만남 영원한 행복

가난한 사랑이란
집과 자동차가 없는 사랑이 아니라 추억이 없는 사랑이다.

구찌민속공연팀과

국제결혼의 가장 큰 단점으로 들 수 있는 것은 바로 사랑과 연애에 있어 없어서는 안 될 둘만의 애틋한 추억을 만들 수 없다는 것이다.

이유는 짧은 일정 속에서 결

혼식하고 작성하고 이것저것 하다보면 6박 7일은 훌쩍 지나버린다.

그리고 국적이 다르다는 이유 하나로 약 3개월간의 짧은 시간적 이별을 하고난 후 다시 한국에서 만나게 될 때엔 서먹함까지도 들곤 한다.

놀이문화나 여행문화가 전혀 다른 국제결혼 부부들에게 처음에 느닷없이 신혼여행과 그 여행지에서 빚어지는 에피소드는 그들의 마음을 감동시키기 충분했다.

긴 여정 끝에 단 이틀, 아니 시간으로 굳이 따지자면 겨우 48여 시간 밖에 만나지 못한 시간의 흐름을 보낸 뒤 서로가 남은 일생을 평생 함께 할 반려자로 받아들이기는 무척이나 힘이 들것이다.

손을 잡고 옆에 나란히 같은 곳을 바라보고 앉았지만 머쓱하고 어쩌다 눈이라도 마주치면 쑥스럽기 그지없었을 것이다.

그래서 난 나를 통해서 맺어지는 부부들에게는 이런 어색함은 있어서 안 되겠다고 생각했고, 그 생각은 바로 실행으로 이어졌다.

아마도 국내에서 국제결혼을 알선하는 업계에서는 최초가 아닐는지…

6박 7일 일정 속에서 1박2일 제대로 된 신혼여행코스로 완벽한 커플게임에 이르기까지 그들이 무엇을 원하는지 무엇을 바라는지 그들과 함께 호흡

신혼여행에서

하면서 고객이 원하는 그런 시스템을 갖추게 되었다.

물론 타 업체들 또한 자체적으로 꼼꼼한 일정표 속에 신혼여행 코스가 있다지만 과연 그 일정표대로 움직여지는 업체가 과연 몇이나 될까…

이렇게 신혼여행을 떠나는 신혼부부들은 민속 공연팀들과 관광객들과 함께 어울려 춤도 추고 커플게임에서도 두드러지는 애정을 과시하며 강한 승부욕을 보이기도 한다.

승부욕은 우리 대한민국 국민 따라올 날 없다하지만 베트남 여성들 또한 강한 승부욕과 생활력이 돋보인다.

여러 가지 게임과 함께 어우러지는 동안 서로가 말로 의사가 통하지 않아도 서로에 대해 알아가고 느끼는 꼭 필요한 시간이 되고 있었다.

메콩강가 뜨거운 햇살에 그을릴까 봐 주섬주섬 준비해 간 썬크림을 꺼내들고 국내에서는 상상도 할 수 없는 일을 저지르기도 한다.

썬크림을 척 꺼내들고서 "자기야 썬크림 발라줄게", "예쁜 얼굴 그을리면 임도 못 알아본대"

어디에서 그런 용기가 나올까?

미토4개 아일랜드 밀림지역

정말 사랑은 모든 것을

가능하게 한다는 그 말이 꼭 맞는 말인 것 같다.

베트남 곳곳을 함께 다니면서 사진도 함께 찍고 자신들의 살아가는 풍경에 대해 말은 통하지 않지만 너무나도 열심히 설명해 주고 그 설명을 귀 기울여 주는 모습은 세상에서 가장 아름다운 장면이 아닐까 한다.

나는 그런 아름다운 모습들을 놓치지 않고 카메라 앵글에 담아 둔다.

시간이 흘러 삶이 힘들어지고 지쳐있을 때 그들에게 좋은 선물이 될 수 있다는 생각에서다.

요즘 사람들은 말하려는 입은 두 개요, 들으려는 귀는 하나인 기형적인 사람들이 대다수이다.

부부생활이나 가정생활에서나 직장, 사회생활에서도 가장 중요하고 아름다운 모습은 바로 잘 들어주는 것이 아닐까 한다.

그런 모습과 자세는 바로 이 세상에서 가장 위대한 사랑을 잉태해 낼 수 있는 힘을 가진 배려의 모습일 것이다.

사랑은 간혹 지나치면 독이 될 수 있다.

하지만 배려는 지나칠수록 상대에게 기분 좋아지고 사랑을 잉태해 낼 수 있는

건터시 방갈로에서 “사랑의 게임”

최상의 선물이다.

국경과 언어, 문화와 풍습 모든 것을 극복해 나가야 하는 국제 결혼을 결심하는 신랑들에게 꼭 필요한 것은 재정적인 능력보다, 그녀만을 사랑하는 마음보다 그녀의 입장을 배려해 주는 마음이 먼저 준비되어 있어야 한다.

상대를 배려해 줌으로써 사랑이 싹트고 그 사랑은 모든 것을 가능하게 한다.

네번째 마당

또 다른 기다림과 재회

역지사지(易地思之)로 성숙한 사랑을

"누군가가 찾아오기를 기다리는 사람이 있습니다.
누군가를 찾아 길을 떠나는 사람이 있습니다.
기다리는 일보다 더 슬픈 일은 찾아가는 일이고
기다리는 시간보다 더 애타는 시간은 찾아가는 시간입니다.
하지만 기다리는 시간보다 찾아가는 시간보다 더 애타는 시간은 바로 서로를 만날 수 있게 해 주는 시간입니다."

길고도 짧았던 시간을 뒤로하고 꿈인가 생시인가 내 사랑하는 여인을 남겨두고 나만 홀로 가야한다는 사실이 못내 아쉽다.

"대한민국 사나이가 이깟 일쯤에 눈물을 보일 수도 없고 이것 참 난감하네."

이심전심이다.

마지막 날 저녁식사 때부터 시무룩해 있던 신부가 해가 저물고 날이 어두워지자 훌쩍대기 시작한다.

"오매불망 내 낭군님이 나 혼자 남겨두고 이역만리 가시다니, 이 처녀 어찌 3개월 동안 기다리란 말이오. 어서 빨리 낭군님 계시는 그곳으로 날 데려가주오." 이토록 베트남 여성들은 순수하다.

영영 이별하는 것도 아닌데, 잠시 잠깐 재회할 날을 위해 준비하려 먼저 들어가는데 3일 동안 어떻게 그녀들을 감동시켜 놓았기에… 저토록 온 공항을 눈물바다로 만들어 놓는단 말인가!

어쩜 6박 7일 일정 동안 하이라이트는 바로 공항에서 이별하는 광경이 아닐까 할 정도다.

어느 누구라고 할 것도 없다.

신부들은 공항까지 배웅 나와서 가지 말라고 옷자락을 붙잡기도 한다. 이때 한국 남성들은 어찌할 바를 모른다.

눈물 없이는 볼 수 없는 공항의 이별을 끝으로 수 십 년 돌고 돌아 힘들게 힘들게 내린 선택의 종지부를 일단락 짓는다.

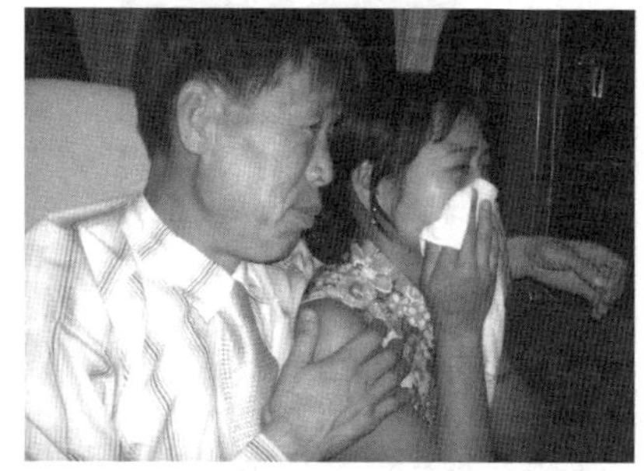

공항의 이별(해남 한태기, 리엔 부부)

하지만 나는 이 순간에서부터 신부가 입국하는 그 순간까지 가장 외롭고 힘들게 보내는 시간이다. 아마 내가 이렇게 말하면 "신랑인 자신들 보다 아무려면…" 이라고들 말하겠지만, 이 자리에 함께해 보지 않고서는 그 어느 누구도 고통을 알지 못한다.

사실 국제결혼에서 가장 힘든 점이 바로 대책 없이 기다리라는 말이다.

이 힘든 기다림의 시간을 두 배, 세 배 아니 백배로 활용하기로 했다. 바로 베트남 필리핀 현지 한국문화교육연수원이 그것이다.

그곳에서는 한국결혼에 성공한 신부들이 한국 입국을 기다리면서, 한국 음식문화, 예절, 언어 등을 배우는 곳이다.

1교육관

2교육관

그리고 결혼식 이후 한국 입국까지 각자의 생활에서 발생할 수도 있을 위험(신부 마음의 변심, 사고 등등)성을 최소한으로 막아보고자 1교육관 4층 전관과 2교육관 4층 전관을 직접 관리 운영하

면서 제대로 된 시스템을 구축했다. 이곳에서 신부들이 서류를 준비하러 집에 다녀오는 시간외에는 모두 합숙교육으로 정해져 있는 일정표대로 생활하게 된다.

교육 또한 한글교사와 요리교사, 문화예절교사로 대부분이 한국인 선교사들과 대학교수로 구성되어 있다.

성공한 사람들은 한결같이 말한다.

"어떤 물건을 만들거나, 서비스를 제공하고자 할 때도 돈을 먼저 생각하면 반드시 망했고, 고객을 위하는 마음으로 만들면 제품과 서비스는 기대 이상의 효과를 내면서 흥할 수 밖에 없다고."

우리 회사의 현지 연수원 설립과 교육시스템 또한 그러한 맥락에서 출발하였다.

더욱이 나 같은 경우 부드럽고 섬세한 여성인 장점과 따뜻하고 자상한 어머니의 장점을 최대한 살려 해외현지 교육관을 운영하고 있다.

한편 어여쁜 신부들이 입국을 위해 부지런히 서류하고 교육 삼매경에 빠져있을 무렵 한국의 신랑들은 무엇을 할까?

나의 숙제가 또 하나 생겨났다.

30년 40년 동안 홀로 잘 살아왔던 신랑들은 그 3개월 가량의 시간이 한 300

김치담그기 교육중

넌쯤 느껴지나 보다.

하루가 멀다 하고 전화가 사무실로 온다.

그렇게 전화를 달고 산다고 해도 "안 밴 아이를 낳을 수도 없고", 정말 어찌 할 도리가 없다.

달이 차면 해가 나오는 법인 것을…

사랑은 언제나 오래참고
사랑은 언제나 온유하며
사랑은 언제나 변치 않고
바라고 믿고 참아내네

라는 노랫말도 있다.

신부가 들어오기까지 3개월 길다면 길고 짧다면 짧은 시간이다.

난 사실 이 시간이 가장 싫다.

기억하고 싶지 않지만 이 책을 통해 혹시 국제결혼을 결정하게 될 사람, 혹은 신부를 기다리고 있는 사람, 또 혹은 이런 사람들을 곁에 둔 사람들에게 다시 한 번 생각해 볼 수 있는 계기가 되길 바라며 옮겨본다.

작년 늦가을 해남군 A군이 국제결혼을 하게 되었다.

그는 너무나 순수하고 정이 많은 사람이었다.

40이라는 나이가 믿기지 않을 만큼 순박한 웃음을 가졌다.

평생을 가족과 땅을 사랑하며 살아왔던 그에게 또 하나의 사랑이 시작되었다.

그가 바다건너 물 건너 이국에서 천생배필을 만나 짧은 순간이나마 너무나 뜨겁게 사랑을 나누었다.

아무리 힘들어도 환한 미소 짓던, 그 어떤 열악한 상황에서도 항상 긍정적이었던 그가 술에 취한건지 일에 취한건지 "도대체 언제 오는 거냐? 어떻게 된거냐" 라는 항의성 전화를 했다.

이제 다 기다렸으니 조금만 더 참고 기다립시다. 그럴 수 있죠?

내가 해줄 수 있는 최선의 말이었다.

"나는 괜찮은데 얼마든지 기다릴 수 있는데 주위에서 너무 힘들게 해요."

아직까지 신부가 오지 않은 것을 보니 국제결혼 사기꾼들에게 사기를 당했다고 막말도 해요.

하지만 나는 괜찮아요. 사실이 아니라는 것을 너무나 잘 아니까요.

그러나 부모님과 가족들은 나와 달라요.

주변이 너무 힘들어요. 나는 괜찮은데…"

주위의 성화가 그들을 힘들게 하고 있는 현실이 너무나 안타까웠다.

우리 모두는 기다리는데 익숙해져 있지 않다. 이역만리, 남의 나라에 여행가는 것도 아니고, 고향을 떠나 낯선 이국땅에 평생을 시집와서 살 것인데 그 어린 신부와 그 부모형제들의 마음은 어떠하겠는가.

역지사지(易地思之)라는 말이 있다.

상대편의 처지나 입장에서 먼저 생각해 보고 이해하라는 뜻이다. 이 말은 맹자(孟子)의 이루(離婁)에 나오는 “역지즉개연(易地則皆然)”에서 유래한 말이다. 역지즉개연은 처지나 경우를 바꾼다 해도 하는 것이 서로 같다는 말이다.

중국의 전설적인 성인인 하우(夏禹)와 후직(后稷)은 태평한 세상에 자기 집 문 앞을 세 번씩 지나가도 들어가지 않아서 공자(孔子)가 이들을 매우 훌륭하게 생각하였다. 공자의 제자 안회(顔回)는 어지러운 세상에 누추한 골목에서 물 한 바가지와 밥 한 그릇으로만 살았는데, 공자는 가난한 생활을 이겨내고 도(道)를 즐긴 안회를 칭찬하였다.

맹자는 “하우와 후직과 안회는 같은 뜻을 가졌는데, 하우는 물에 빠진 백성이 있으면 자신이 치수(治水)를 잘못하여 그들을 빠지게 하였다고 여겼으며, 후직은 굶주리는 사람이 있으면 스스로 일을 잘못하여 백성을 굶주리게 하였다고 생각하였다고 한다.”

“하우와 후직과 안회는 처지를 바꾸어도 모두 그렇게 하였을 것이다[禹稷顔子易地則皆然)"라고 하였다. 맹자는 하우와 후직, 안회의 생활방식을 통하여 사람이 가야 할 길을 말하였다. 입장을 바꾸어 다른 사람의 처지에서 헤아려보라는 말이다.

국제결혼의 경우는 특히 신랑측에서 기다리는 것보다 더욱 힘든 것이 바로 찾아간다는 신부쪽이라는 것을 생각해 그 시간 동안 신부를 더 행복하게 해줄 고운 마음을 가지고 새로운 설계를 하는 대한의 새신랑이 되자.

우리 모두 기다리는 것에 충실해지며 기다려보는 것에 익숙해지자.

뜨거운 태양, 흐르는 땀, 숨 막히는 열풍, 천둥과 폭우….

그런 것들이 우리를 괴롭힐지라도 그 속에서 온갖 곡식과 과일은 익어간다.

결국 여름이 있기에 가을의 풍요와 겨울의 평화가 있고 봄의 희망이 싹틀 수 있듯이 짧다면 짧고 길다면 길 수 있는 3개월이란 기다림 끝에 축복의 보물 창고인 가정을 가질 수 있지 않은가!

코리아웨딩스쿨과의 국제결혼에서는 나순자를 믿고 역지사지를 생각하며 행복한 가정을 설계하며 미래를 준비하자.

다섯째번 마당

알콩 달콩 묻어나는 소중한 가정

마당에서 피어나는 아이들의 웃음소리

나는 가정의 소중함을 너무나 잘 안다.

가정이 바로서야 사회가 건강해지며 건강한 사회가 강건한 국가를 만든다는 지론을 믿고 있기 때문이다.

국가의 강력한 힘, 즉 국력은 바로 행복하고 건강한 가정에서 시작된다고 해도 과언은 아닐 것 이다.

가난과 어려움을 견뎌 나와 화목한 가정을 이룰 수 있도록 함께 해 온 처를 조강지처(糟慷之妻/조(糟)는 지게미, 강(糠)은 쌀겨라는 뜻으로 지게미와 쌀겨로 끼니를 이어가며 고생한 본처(本妻)를

이르는 말)라고 한다.

요즘 젊은이들 사이에서는 조강지처란 조선시대 경국대전에서나 찾아볼 수 있는 말처럼 그 의미조차도 모르고 있다.

하지만 난 베트남 신부들을 보면서 가끔씩 조강지처의 의미를 되새겨 본다.

한국에 시집 온 어느 베트남 신부는 바닷가 골짜기 석류농장에 시집와서 이른 아침부터 석류 묘목 밭에서 한나절 김을 매고 점심 때는 이웃에 사는 베트남 댁 친구와 바닷가 갯벌에 나가 바지락을 캐 저녁 밥상에 올리기도 한다.

그러다보면 어느새 뽀얀 피부는 바닷가 바람에 그을려 건강한 갈색 피부로 변하기도 한다.

혹여나 그런 생활들을 원망하고 있지 않을까 걱정이 되어 찾아가보면 언제나 싱글벙글이다.

남편에게 늘 감사하며 만족해하고 있다.

그런 예쁜 마음이 신랑에게 전해졌는지 올가을 석류수확을 하면 베트남 친정집을 예쁘게 새로 지어줄 거라고 자랑한다.

모든 것이 자업자득이 아닌가 싶다.

스스로 돕는 자는 하늘이

석류농장에서 베트남대사님과 함께

알아서 돕는다고 했다.

또 한 가정은 남편이 고물을 주워 팔면서 어렵게 가정생활을 유지해나가는 집이다. 이집은 70대 노모와 3살 난 아들을 부양해야 하는 악조건이지만 이들 부부는 부지런히 일하고 그 안에서 행복을 찾고 있다.

만약 이런 조건에서 견뎌낼 우리 대한민국 여성들이 과연 몇이나 될까?

막상 이런 생각을 하니 가슴 한 구석이 답답해져 왔다.

그래도 다행인 것은 아직 베트남, 필리핀 등지에서 여성들이 한국에 들어와 2세를 낳아 잘 길러내고 있는 것이다.

특히 한국의 남성들은 늦은 나이에 어렵사리 갖게 된 가정을 너무나도 소중하게 생각한다.

한 사회 국가 또는 공동체에는 가정이 얼마나 건강한가? 에 달려있다고 말합니다.

모든 것의 시작은 가정이며, 가정이 모든 것의 기초라는 것입니다.

세상에는 참으로 많은 고통이 있습니다.

굶주림에서 오는 고통 집 없음에서 오는 고통 온갖 질병에서 오는 무리적인 고통들이 있습니다,

그러나 외로운 것 사랑받지 못한 것 가정이 없는 바로 곁에 아무도 없는것이야 말로 가장 큰 고통이라고 생각합니다.

이것은 정말 비참한 가난입니다.

오늘날 사람들은 서로를 돌보지 않습니다.

자신이 갖고 있는 것에 대해 만족하지 못하고 다른 이들이 겪고 있는 고통의 의미조차 모르는 우리들이 아닌지 물질이 우리의 주인이 되었을 때 우리는 참으로 빈곤한 사람들입니다.

우리는 고귀한 일을 하기위해 창조되었습니다.

이 세상에 아무런 목적도 없이 우리가 창조되진 않았을 것입니다.

그 위대한 목적이란 곧 사랑하는 것, 사랑 받는 것이 아닐는지요.

우리는 그다지 거창한 일을 할 수는 없을지 모릅니다.

그러나 작은 일들을 큰 사랑으로 할 수는 있습니다.

작은 일들에 충실하여야 당신을 키우는 힘은 바로 거기에 있으니까요

진정한 대화는 열심히 귀 기울리는 것입니다.

난 그들에게 가정이란 이런 것이라고 말하고 싶다.

행복한 가정이란?

가정을 이루는 것은 의자와 책상과 소파가 아니라

그 소파에 앉은 어머니의 미소입니다.

가정을 이룬다는 것은 푸른 잔디와 화초가 아니라

그 잔디에서 피어나는 아이들의 웃음소리입니다.

가정을 이루는 것은 자동차나 식구가 드나드는 장소가 아니라

사랑을 주려고 그 문턱으로 들어오는 아빠의 설레는 모습입니다.

가정을 이루는 것은 부엌과 꽃이 있는 식탁이 아니라
정성과 사랑으로 터질 듯한 엄마의 모습입니다.
가정을 이루는 것은 자고 깨고 나가고 들어오는 것이 아니라
애정의 속삭임과 이해의 만남입니다.
행복한 가정은 사랑이 충만한 곳입니다.

바다와 같이 넓은 아빠의 사랑과 땅처럼 다 품어내는 엄마의 사랑이 있는 곳...
비난보다는 용서가, 주장보다는 이해와 관용이 우선되며
항상 웃음이 있는 동산이 가정입니다.

가정이란
아기의 울음소리와 어머니의 노래가 들리는 곳,
가정이란
따뜻한 심장과 행복한 눈동자가 마주치는 곳,
가정이란
서로의 성실함과 우정과 도움이 만나는 곳,
가정은 어린이들의 첫 교육의 장소이며
거기서 자녀들은 무엇이 바르고 무엇이 사랑인지를 배웁니다.
상처와 아픔은 가정에서 치유되고, 슬픔은 나눠지고,
기쁨은 배가되며 어버이가 존경받는 곳,

왕궁도 부럽지 않고 돈도 그다지 위세를 못 부리는 그렇게 좋은 곳이 가정입니다.

가정의 소중함은 아무리 강조해도 지나칠 것이 없을 것 같습니다.

또한 가정은 조물주께서 우리 인류에게 부여해 주신 첫 번째 선물이자 삶의 근원지가 되는 것입니다.

예로부터 여자를 가리켜 집사람이라고 하기도 하고 안식구라는 호칭으로 불러왔습니다.

이것은 "곧 집에 있는 사람이다"라는 의미가 주어지기도 하지요.

그래서 가정의 화목은 어머니의 역할이 크다고 봅니다.

맞벌이 부부가 많은 요즘일지라도 이와 같은 구조는 바뀔 수가 없는 것 같습니다.

맹모삼천지교(孟母三遷之教)란 말도 어머님의 역할이 얼마나 중요한지 잘 나타내 주고 있지요.

그저 어릴 때는 개구쟁이라도 좋으니 잘 자라만 다오!

하면서도 커갈수록 자식에 대한 부모님의 기대치도 커져서 최고치로만 몰아세우는 경향을 많이 볼 수 있습니다.

좋은 대학 나와서 좋은 직장을 얻어 남부러울게 없이 살아간다고 다 행복할까요?

남편의 월급봉투가 두터워진다고 모든 가정이 다 행복하고 편안하게 살아갈까요?

물질 만능의 시대이고 자본주의 사회에서 우리는 자칫 행복의 척도를 여기에 두어서 남보다 덜하면 불행하고 조금 나으면 행복하다는 어린아이 같은 발상은 없으시겠지요.

늘 잊지 말아야 될 것은 지금 처한 환경은 나에게 가장 좋은 내일로의 발판으로써 미래에 더 낳아질 수 있다는 희망 속에 자족하는 마음이 있어야겠습니다.

현실직시야 말로 가장 빠른 성공의 지름길이니까요.

소박한 밥상을 놓고서도 기뻐하며 감사하는 생활과 가족 상호간에 서로 존중해 주고 칭찬을 아끼지 않는 위로와 격려를 해주는 아름답고 행복한 가정을 가꾸어 가시기 바랍니다.

여섯번째 마당

국제결혼 가정 2세 돌봄 후원회

사랑이 있는 풍경

사랑이 있는 풍경은 언제나 아름답다.
하지만 아름다운 사랑이라고 해서
언제나 행복하기만 한 것은 아니다.

그 사랑이 눈부실 정도로 슬픈 것일 수도 있다.
사랑은 행복과 슬픔이라는
두 가지의 얼굴을 하고 있는 것이다.
그러나 행복과 슬픔이 서로 다른 것은 아니다.

때로는 너무나 행복해서
저절로 눈물이 흐를 때도 있고
때로는 슬픔 속에서
행복에 잠기는 순간도 있다.

행복한 사람과 슬픈 사람
참으로 대조적인 것처럼 보이지만
그 둘이 하나일 수 있다는 것은
오직 사랑만이 가질 수 있는 기적이다.

행복하지만 슬픈 사람
혹은 슬프지만 행복한 사람이
만들어 가는 풍경은 너무나 아름답다.
그렇기 때문에 우리는 서로 사랑하면서
잠을 이루지 못하는
불면의 밤을 보내는 것이다.

사랑이란 내가 베푸는 만큼
돌려받는 것이다.
내가 가지고 있는 모든 것을

다 내주었지만
그 대가로 아무것도 되돌려
받지 못한 경우도 있다.
그렇다고 해서 사람을 원망하거나
후회할 수는 없다.
진정한 사랑은 대가를 바라지 않는다.
나는 사랑으로 완성되고
사랑은 나로 인해 완성된다.

소망의 기도

"나의 하루가 부디 다른 이들에게 사랑과 기쁨의 선물이 되었으면 합니다."

매일 아침 드리는 나의기도 제목이다.

나의 이 기도는 벌써 30년째다.

나는 기도의 기적을 믿는다. 간절히 드리는 기도는 결국 나 자신 속에 있는 감정에 전달되며 그 감정들은 나의 온몸 구석구석에 전해서 나를 행동하게 만든다.

내 감정들이 나의 온몸 구석구석에 전해 행동하게 만들었던 것이 바로 "한국-베트남 사랑의 한 가족 모임" 이었다.

이 모임은 한국과 베트남간의 국제결혼을 한 가정들이 각자의 생활 속에서 탈피해서 서로 만나 그동안의 애환과 고향의 향수를 달래고 정보도 교환하며 고향 음식을 만들어 먹기도 하고 수다를 떨기도하며 친목도 다지고 한국문화와 풍습에 대해 교육받기도 한다.

사실 음식, 언어, 문화교육은 "국제결혼가정 2세 돌봄 후원회"로 재정비되면서 활기를 띠고 있고, 명칭 그대로 사랑의 한 가족 모임이었다.

4~5 가정씩 살고 있는 지역이나 생활수준이 비슷한 가정들끼리 그룹을 만들어 주고 자체 모임을 가지도록 만들어 주었던 것이 그 모임 장소가 우리 사무실로 일원화되면서 자연스럽게 공동체가 되었다. 지금도 정기적인 가정방문과 출산, 돌잔치 등 축하 기념방문을 통해 그들과 늘 함께 호흡하려 노력하고 있다.

그리고 우리 "국제결혼 가정 2세 돌봄 후원회" 에서는 자원봉사자들과 연계해서 1인1 친정엄마 맺어주기를 실시하고 있다. 50여명의 후원회 자원봉사자들은 지난 30여 년간 봉사활

국제 결혼 가정2세 돌봄 후원회

동을 함께 해오던 나의 봉사동기들이다. 예쁜 마음과 고운 마음씨는 대한민국 대표급이다.

사랑의 한 가족모임을 꾸준히 관리해주고 연말연시 사랑의 일일찻집을 열어 어려운 국제결혼가정을 후원해 주었으며, 우리의 생활에서도 사라져가는 월동 김장담그기 체험, 출산가정방문에는 꼭 들러 베트남 초보엄마들의 육아를 가이딩 해 주는 등 나 혼자서는 엄두도 낼 수 없었던 일들을 항상 나를 이해해주고 따라 주는 후원회 자원 봉사자들이 있었기에 해내고 있는지 모른다.

또한 우리 "국제결혼 가정 2세 돌봄 후원회" 에서 절대 없어서는 안 될 분들이 이모임을 적극 후원하고 계시는 고문님들이다.

후원회 일이라면 열일 제백사하시고 한걸음에 달려와 주시는 고마우신 분들이다.

나와 나의 봉사 동기생들과 광주전남을 이끌어 가는 40여분의 고문님들의 삼박자의 경쾌하고도 의미 있는 하모니가 국제결혼가정과 그 2세들을 위해 똘똘 뭉쳤다.

각 구청이나 교회 등 기관이나 종교 사회단체에서 한글교실과 음식문화교실을 열고 있다.

국제결혼가정 한국음식문화체험(김장담그기)행사

참으로 반가운 소식

이다.

하지만, 국제결혼가정 그들에게 가장 중요한 것은 그들의 속내를 귀 기울여 들어주고 해결책을 함께 찾아내고 풀어갈 수 있게 전문지식을 갖춘 상담자 역할이 가장 시급한 문제이며, 또 하나 바로 의사소통이 그것이다.

가나다라도 중요하다.

안녕하세요, 반갑습니다, 기본 회화도 중요하다.

하지만 의사소통이란 가나다라순이 아니라는 것을 알게 되었다.

지난 3년 동안 그들이 가장 많이 부딪치는 의사소통을 원활하게 하기위해 그들이 가장 많이 쓰는 단어들을 모아 국제결혼 가정을 위한 일상생활 회화집(영어, 일어, 중국어, 베트남, 캄보디아)을 직접 발간하기에 이르렀다.

이 회화집은 양 방향 의사소통이 가능하도록 만들어졌으며, 국제결혼을 한 신랑들이 그냥 소리 내어 읽기만 해도 베트남 사람들과 통하도록 쉽고 간편하게 만들었다.

국내에서도 생소한 베트남, 캄보디아 회화집은 (사)한국결혼상담소협회 국제결혼가정교육용 책자로 선정되기도 하였다. 그동안의 국제결혼가정들을 지켜보면서 부딪치고 느껴오면서 작성해 왔던 상담일지는 향후 국제결혼가정들이 한국생활에 정착해나가는 데 길잡이 역할을 해낼 수 있을 것이란 생각을 조심스레 해 본다.

나는 "국제결혼가정을 위한 포켓북"이 누군가에게 꼭 필요한 의미 있는 선물이 되었으면 하는 마음으로 준비하게 되었다.

우리사회의 가장 큰 문제로 대두되고 있는 저 출산과 고령화 사회로 OECD(경제협력개발기구) 가입국가 중 프랑스, 미국, 중국, 일본에 이어 가장 빠르게 초 고령사회로 진입하고 있다. 2007년 1월 15일자 조선일보 보도에 따르면 유럽 최고 저출산국가인 프랑스가 출산율이 20명인데 비해 우리나라는 평균 1,08명으로 프랑스의 거의 두 배로 유럽과 일본 등을 제치고 세계최고의 저출산국가의 불명예를 안은 것이다. 또 통계청 자료에 의하면 1985년 우리나라 평균수명은 68.4세였는데 2001년에는 76.5세, 2005년에는 77.9세로 늘어 저출산과 고령화에 대한 노인복지대책이 시급한 실정이다.

한국은 평균수명 증가와 급격한 출산율 감소로 세계에서 가장 빠른 속도로 고령화가 진행되고 있다.

동아일보 2007년 1월 24일자 보도에 따르면 이미 2000년부터 65세 이상 노인이 전체 사회에서 7% 이상 차지하는 고령화 사회로 진입했다. 2018년에는 노인 인구가 14% 이상인 “고령사회”가 될 것으로 예상된다. 하지만 고령사회에 대비한 노후 준비는 제대로 이뤄지지 못하고 있다.

최근 HSBC은행(홍콩상하이은행/The Hongkong and Shanghai Banking Corporation Limited)의 설문조사 결과에 따르면 한국인들은 84%가 노후생활을 위한 정보를 찾아본 적이 없고, 90%가 은퇴 준비를 위해 전문가와 상담해 본 적이 없다고 답했다.

한국인의 평균 수명은 2020년에는 80세를 넘어설 것으로 예상된다. 은퇴 연령을 60세로 잡아도 평균 20년을 더 산다는 얘기다.

일반적으로 은퇴 이후 필요한 노후자금은 근로기간 중 소득의 70% 정도가 돼야 한다. 예컨대 은퇴 전 자신의 월평균 소득이 400만 원이었다면 은퇴 이후에는 매월 280만 원 정도는 돼야 '불편 없이' 살 수 있다는 것이다. 하지만 국민연금기금 고갈 우려 때문에 지급액이 줄고 있는 국민연금만 믿고 있어서는 낭패다. 좀 더 적극적으로 노후를 대비할 필요가 있다고 전문가들도 지적하고 있는 실정이다.

이러한 저출산 고령화 시대를 살아가는 대한민국 국민의 한사람으로서 국가와 사회가 직면한 문제에 조금이라도 도움이 되고자 NGO인 (사)노년유권자연맹 부설기관인 고령화 저출산 사업단장을 맡게 되었다.

세계는 이미 국제화 글로벌시대로 접어들었다. 우리나라는 70년대 나라 경제가 어려워 인구 억제책으로 "아들 딸 구별 말고 둘만 낳아 잘 기르자" 운동을 전개 해왔던 후유증 여파로 오늘날 남녀 성비 불균형이 심각한 상태에 이르렀다. 혼기를 앞둔 총각 11명에 처녀 7명으로 농어촌과 도회지 근로자인 짝 없는 외기러기들에게 짝을 찾아 주고자 이역만리 낯설고 물선 이국땅 넘나들기 시작한지 어언 6년…

그동안 가장 힘들었던 부분은 바로 언어장벽이었다.

같은 언어를 사용하면서도 의사소통이 제대로 안되어 노사가 대립하고, 가정불화원인이 되기도 하며, 친구간에 다툼도 일어난다. 국제결혼의 마지막 난관은 사실 언어소통의 문제가 가장 크다고 볼수 있다.

개와 고양이가 만나면 으르렁거리며 싸우는 이유는 서로 천적관계이기 때문이 아니라 의사소통방식이 다르기 때문이라는 것이 동물학자들의 이야기다.

예컨대, 개가 꼬리나 엉덩이를 흔드는 것은 좋다는 신호이지만 고양이는 이를 도전으로 받아들인다. 반대로 고양이가 기분이 좋아지면 야옹거리는 소리를 내는데 이를 개는 싸움을 거는 신호 받아들인다는 것이다. 그래서 개와 고양이는 만나면 서로 "으르렁" 거리며 싸우는 것이다.

그러나 이러한 개와 고양이도 어려서부터 같이 자라면 서로의 언어를 이해하기 때문에 싸우지 않는다는 것이다. 동물의 경우와 마찬가지로 상대의 언어를 이해하면 효과적인 의사소통이 되고 더 나아가 좋은 인간관계가 맺어지는 것이다.

국제화시대가 되어 필요에 따라 그동안 우리나라에도 영어나 일어, 중국어 등 소위 주류 언어들 말고도 수많은 회화집과 관광용어 책자들이 출판 되었으나 대부분 고학력자들을 대상으로 해 어려웠다. 그래서 보통사람 아니 정말 농촌을 지켜낸 노총각과 각

산업현장에서 밤잠 설치면서 경제에 일익을 담당하고 있는 외국인 노동근로자들에게 직접 피부에 닿게 쉽게 풀어서 누구나 보면 알 수 있고 들으면 알 수 있는 책으로 만들기까지 그동안 일상생활에 꼭 필요한 언어와 구절을 3년 동안 나름대로 수집하고 정리하여 "국제결혼가정을 위한 포켓북" 이라는 책을 만들게 됐다.

특히 국제결혼을 선택한 순백한 천사와 같은 국제결혼가정에게 건강하고 행복한 가정을 만드는데 꼭 필요한 선물이 되었으면 한다. 국제결혼가정 2세 돌봄 후원회장직을 맡고부터 더욱더 막중한 책임감을 느끼면서 지속적으로 여러분 가정에 관심을 가지고 돌보아 주겠다는 다짐과 함께 이 책을 선물로 드린다.

누구나 인생을 살아가면서 "하고 싶은 일", "할 수 있는 일", "꼭 해야 할 일" 등을 생각하게 된다.

첫째, 하고 싶은 일만 하면서 신나게 살 것 인가?
둘째, 할 수 있는 일을 하면서 인정받고 살 것 인가?
셋째, 해야 할 일을 하면서 사람답게 살 것 인가?

우리는 다양한 선택을 요구 받게 된다.

나는 마지막길인 "해야 하는 일"을 하면서 사람답게 살고 싶어 외로운 길을 택했다. 내가 선택한 그 길이 조금은 위험이 도사리는 길일지라도 아니 잠 못 이루는 숱한 밤이 기다릴지라도, 그 길이 참된 길이고 모두가 행복해 질 수 만 있다면 난 스스럼없이 그 길을 택할 것이다.

한참을 더 돌아 더디게 간다 할지라도 행여 진흙밭이라 할지라도 나는 웃으면서 그 길을 가려 한다.

필자의 자전 에세이집 『하나를 위한 둘의 준비』 소망의 기도 中에서

“나의 하루하루가 다른 이들에게 사랑과 기쁨의 선물이 되었으면 합니다.”

나의 일이 다른 이들의 사랑을 연결하고 행복으로 가는 길로 인도해 줄 수 있는 일이 될 수 있기를 소망하면서 하루하루를 살아가련다.

일곱번째 마당

다도해의 물결이 땅 끝 마을까지

태평양을 건너온 웨딩마치

2006년은 참으로 나에게 있어 잊을 수 없는 한 해였다. 지난 2006년 2월 11일 세계에서도 인정하는 아름다운 미항 여수시에서 나의 첫 작품이 탄생하였다.

2월의 여수는 아직 꽃샘추위가 남아있어 새봄이라 하기엔 조금 이른 계절이지만 시민회관은 온통 사랑의 봄 향기로 가득했다.

1천여 명의 여수시민들의 축하 속에서 국제커플들의 합동결혼식이 열렸다. 많은 에피소드를 만들어 내면서 일궈낸 결실이 아닌가 한다.

출국 당일부터 대부분 현지에서 귀국해 신부가 들어오기까지 그리고 합동결혼식까지 참 많은 우여곡절이 절절했다.

그 중 출국 당일 벌어졌던 해프닝을 하나 소개할까 한다.

일명 인천행 공항버스를 잡아라! 007 대작전을 방불케 하는 일화가 있었다.

2005년 7월 전국 최초로 전남 여수시에서 농어촌총각 장가보내기 사업이 시의회에서 통과되었다.

아직까지 불신의 벽이 두터운 국제결혼이라 모집 홍보에서부터 난관에 부딪쳤다. 접수 신청자들을 대상으로 1차 담당공무원들의 실태조사와 2차 결혼정보업체의 가정방문 실태조사를 거친 여수시 모범 총각 9명이 확정되었다.

여수시 1차 합동 국내결혼식

전설에 귀한 손님이 오면 내린다는 "여수의 비"는 귀한 손님을 맞이하려는 듯이 실태조사 기간 내내 끊임없이 퍼부었다. 예비신랑들의 인성검사와 그들 가정방문실태조사, 간담회를 끝낸 뒤 사회봉사단체인 구봉 로터리클럽 회장단과의 상견례, 출국을 앞두고 진행되었던 사전교육과 오리엔테이션 등 모든 일련의 과정을 마치고 드디어 출국하던 날! 오전에 출항하는 비행기 스케줄 때문에 온밤을 하얗게 지새울 수밖에 없었다. 새벽

2시 여수시청에 모여서 담당계장님의 인솔하에 광주까지 올라온다는 확인전화를 받고 광천동 터미널에서 이제나 저제나 기다리고 있었지만 도무지 여수일행의 모습이 보이지가 않았다.

새벽4시 인천공항 가는 리무진을 예매해 놓은 터라 초초해지기 시작했다.

드디어 전화가 왔다. 방금 동광주 톨게이트를 통과했다는 것이다.

그럼 곧 도착하겠지? 라는 우리의 계산은 그날 엄청난 해프닝으로 이어졌다.

여수를 출발해서 어디로 오는지 도착지를 물어보지 않았던 것이다.

광주에서 30여년을 넘게 살아온 나로서는 인천국제공항을 간다면 당연히 광천동 터미널로 오겠지 하는 계산이 섰던 것이었다.

하지만 여수시에서 생활을 한 인솔자는 공항에서 출발하는 공항리무진을 생각하여 여수일행을 송정리 공항으로 인도했던 것이다.

같은 나라에서도 생활권문화의 차이도 이토록 클 수 있다는 것을 온몸으로 체험하게 된 계기였다. 조그마한 같은 나라 같은 지역간에도 이럴진대 이역만리 이국인간의 국제결혼이 가지는 온갖 삶의 방식에서 오는 차이는 얼마나 많은 두려움과 고통과 외로움과

여수시 2차 현지 합동결혼식

눈물을 줄 것인가, 국제결혼을 하는 신랑 신부들 특히, 나는 머나먼 고향의 부모형제를 두고 낯선 이국땅으로 떠나오는 외국 신부들의 이러한 두려움과 눈물을 닦고 해소해 주는 역할을 해야겠다는 새로운 결의를 다진다.

어찌되었든 시간은 개개인의 특별한 사정을 기다려주지 않듯이 우리를 기다려주지 않고 예정대로 버스는 떠나야 할 시간이 되었다.

버스 기사님께 사정을 해 부탁을 드렸다.

"제발 부탁입니다. 첫 번째 휴게소에서 한번만 세워주십시오."

그러나 인천 공항행 버스는 유유히 터미널을 떠나 버렸다.

아, 이 일을... 그 짧은 5분은 나에게는 고문이었다.

이제 남은 건 여수 일행팀을 무조건 백양사 고속도로 휴게소까지 달려가게 하는 것이 문제의 해결책이었다. 다행히 여수일행을 태운 차는 공항행 버스보다 약간 늦은 시간에 백양사에 도착하여 광주 일행과 합류하게 되었고 나와 담당 계장은 멋쩍은 웃음으로 서로 고생했다며 위로했다.

아직도 광천동 터미널과 여수공항을 보면 그때 그 긴박했던 순간이 생각나 미소를 지어본다.

이처럼 같은 한국내에 살면서 환경 때문에 각자의 계산대로만 생각해 버리면 아주 작은 사소한 일이지만 힘들게 해결할 수밖에 없는 사실을 배웠다.

아주 사소한 일일지라도 꼼꼼하게 체크를 해야 실수가 없다는 진리를 체험했다.

또한 많은 대화와 커뮤니케이션능력은 지식과 생각을 더욱 돋보이게 해 줄 수 있는 중요한 부분인 것을 깨닫는 소중한 기회였다.

그날 새벽 급히 인천 공항행 버스잡기 007작전은 대성공!!!

아마도 이번 007작전의 숨은 공로자는 그날 그 시간 인천공항행 버스를 운전하였던 기사님이 아닐까 한다.

백양사 휴게소에서 많은 승객들에게 기사님은 "저는 특별한 이해관계가 없습니다. 하지만 지금 우리 차를 타려고 많은 사람들이 올라오고 있다고 합니다. 여기서 잠깐 머무르면서 기다려줍시다." 라고 하며 승객들의 이해를 구해 주셨다.

그때 제 정신이 아니었기에 이름도 기억하지 못했는데 당시 헤어져 버렸던 기사님은 어디에 계신지요?

기사님! 감사합니다. 바쁘다는 핑계로 찾아뵙고 인사를 드리지 못하였지만 이렇게 지면을 통해 다시 한 번 감사하다는 마음 전하고 싶습니다.

그날 그 버스를 타고 출국 했던 신랑 중 한사람은 지난 6월19일 한 아이를 출산하여 어엿한 아빠가 되어있습니다.

아마도 그 기사님이 기다려주지 않았으면 오늘 이 가정의 행복은 보장되지 않았을 겁니다. 기사님께 다시 한 번 감사드리며 건강과 행복이 영원히 함께 하시길 두 손 모아 기도드립니다.

출국당일 집결지가 혼선이 되어 백양사 휴게소까지 치러냈던

007작전이며, 현지에서 현지지사장의 엄청난 실수로 궁지에 몰리게 됐던 나의 처지, 신부가 입국하기까지 여수시 신랑들과의 힘든 기다림 등등 여수시 합동결혼식이 치러졌던 그날 저녁 화려한 자태를 뽐내며 서있는 돌산대교 아래로 유유히 흐르는 바다 물길 따라 그동안 여기 오기까지 힘에 겨웠던 마음의 짐들을 한없이 흘려보냈다.

한결 가벼워진 마음으로 해남군 땅 끝 마을 총각들과의 인연이 다시 시작 되었다.

해남군 농촌총각 장가보내기 사업은 여수시의 실적을 등에 업고 나 스스로 고향 후배들에게 좋은 일 하는 마음으로 시작하였다.

이런 저의 속내를 읽어주신 박희연 군수님께 지면을 통해 다시 한 번 감사드린다.

하지만 출국 하는 날까지 이번에는 지역 업체들의 성화에 너무나 힘이 들었다. 큰일을 하는데 있어 어디 일사천리로만 일이 진행될까마는 내가 가는 이 길은 굽이굽이 참 사연이 많고도 많았다.

어느 유행가 가사처럼

"아~~ 다시 가라하면 나는 못가네 굽이굽이 서러워서 나는 못가네~." 정말 말로는, 필설로서는 다 하지 못할 내 가슴앓이가 고스란히 묻어져

해남군 2차 합동결혼식

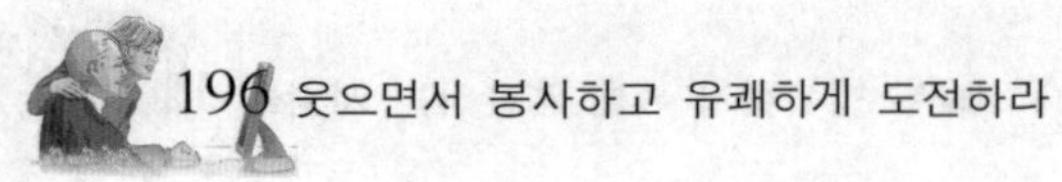

서 한 가정 한 가정이 만들어져 가는 것 같다.

이른 새봄 2월, 여수 앞바다를 출렁이게 했던 국경을 초월한 사랑의 웨딩마치는 태평양을 건너 대서양을 건너 인도양을 건너 땅끝마을 해남까지 들썩거리게 하였다.

해남군은 결혼식행사를 야외결혼식으로 준비하여 해남군민과 함께하는 축하의 장이 되었다.

해남군은 이번 국제결혼 행사로 베트남 신부들만 46명을 군민으로 받아들이게 되었고 앞으로도 계속 연차사업으로 추진 계획중에 있다.

이날 합동결혼식 행사장에는 아주 귀한 손님들이 많이 오셨다.

주한 베트남영사님, 베트남 통신사 주재 기자가 함께 참석하였고, 국제결혼 가정2세 돌봄 후원회 고문님이신 방철호 목사님과 김종남 로마노 신부님께서 참석해 더욱 해남군 농어촌 총각 국제결혼에 의미와 축하를 해주셨다.

한 나라의 대사님과 영사님이 지방자치단체 합동결혼식까지 큰 관심을 보내주고 참석해 축사를 해주신다는 것은 나는 물론 해남군으로서는 큰 영광이 아닐 수 없었다.

나는 지난해에 이어 여수시의 1차 9명과 2차 9명의 국제결혼을 책임지게 되었고, 내 고향 해남군에서도 지난 상반기 사업으로 1차 6명과 2차 13명 그리고 3차 업체간 공개 설명회를 통해 해남군의 적격업체로 선정되어 11명의 국제결혼을 완벽하게 성사시켰다.

이러한 실적과 함께 철저한 사후관리 시스템인 "국제결혼가정 2세돌봄후원회" 활동으로 코리아웨딩스쿨은 국내 1200여개 결혼정보업체 중에서 가장 우수한 모범업체로 선정되기에 이르렀다. 여수시와 해남군 순천시 화순군의 아름다운 이야기는 언론과 입소문을 통해 지금 전남 22개 시, 군에 울려 펴져 온 전남이 이미 떠들썩할 정도다.

각 종교계 대표분과 함께

여덟번째 마당

최우수모범업체 선정

주한 베트남대사가 찾아오다

대한민국에는 크고 작은 결혼정보업체가 4,000여개가 있다. 핸드폰 하나만 들고 플래카드 걸어놓고 영업을 하는 중간 브로커들까지 가세한다면 더 많은 수가 될 것이다.

그 수많은 업체들 가운데에서 5개의 우수업체가 (사)한국 결혼상담사협회로부터 선정 되었다. 그 우수업체들 가운데 시스템과 인본주의 사상에 입각하여 운영하고 있고, 각 지자체국제결혼업무를 대행하여 좋은 이미지와 실적을 올리고 있는 우리 (주)코리아웨딩스쿨이 최우수업체로 선정되었다.

이는 물심양면으로 애정과 관심으로 아껴주고 돌봐주는 버팀목

처럼 든든한 울타리가 되어 주고 계신 고문님들과 자문님들의 사랑과 배려가 만들어 준 선물이 아닌가 한다.

2006년 6월 9일은 회사 창립 이래 가장 잊을 수 없는 기쁨의 날로 기억 될 것이다. 이날 주한 베트남 팜 띠엔 반 대사는 최우수결혼정보 모범업체로 선정된 우리 회사를 방문했다.

그동안 말도 많고 탈도 많은 국제결혼가정을 직접 실태 파악차 오셨다.

아마 국제결혼문제가 양국가간에 심각한 나머지 양단의 결정을 하려 오신 모양이다. 여기에서 자국의 여성들을 두번 울리는 국제결혼을 차단 할 것인가? 아니면 합법적인 제도 장치를 구축하여 제도권 안에서 성실한 업체를 주축으로 하여 국제결혼을 합법화 채널로 일원화할 것인가? 중대한 업무 수행 차 내려오셨다.

반 대사님은 광주, 전남 한국 베트남 결혼을 한 국제결혼 가정 생활 실태파악을 1박 2일 일정으로 분주하셨다.

광주와 전남 여수, 고흥, 함평으로 이어지는 강행군속에서도 반 대사님은 행복하게 살고 있는 자국의 여성들과 여러 가지 이야기를 나누었고, 그들이 손수 준비한 음식을 맛있게 드셨다.

최우수 모범업체 선정기념

돌아오는 차안에서 베트남인의 인권과 자존심과 관련하여 사회적인 문제가 되고 있으므로 양국의 우호증진 차원에서 결혼정보업체들이 신중하게 해줄 것을 주문했다.

또한 전국 곳곳에 걸려있는, "베트남 결혼해요. 후불제입니다." 라는 플래카드는 베트남인들의 자존심이 걸려져 있는 중차대한 일인 만큼 모두 철거해 줄 것을 주문하시기도 하였다.

특히 전국 최초 국제결혼을 실시하였던 여수시 김충석 당시 시장님과 반 대사님의 만남은 뜻 깊은 자리가 되었다.

반 대사는 베트남 당국에 요청하여 한국의 우수 결혼정보업체나 협회를 중심으로 베트남에서 합법적으로 결혼소개를 할 수 있는 제도적인 개선을 추진, 더 많은 국제결혼이 이루어지도록 하겠다는 약속도 해 주셨다.

팜띠엔반대사님과 여수시청에서

아홉번째 마당

고령화 대한민국, 최선의 대안

국제결혼을 통한 이주 및 출산장려정책

씨앗을 심으면 가장 먼저 나오는 것은 겉으로 들어나는 새싹이 아니라 땅속에 숨어 뻗어가는 뿌리다.

그리고 뿌리가 튼실해야 잎도 건강한 법이다.

그러나 우리의 뿌리요 삶의 근본인 농촌이 점점 무너지고 있다.

빈집이 늘어가고 젊은이들이 떠나버린 농촌에서는 어린 아이의 울음소리조차 듣기 힘들다. 농촌의 위기는 농민들만의 문제가 아니고 우리 모두의 생존이 달려있는 문제다.

지난날 우리가 희망차게 쏘아 올렸던 가족계획운동이 바로 우주의 순리를 거스른 미움의 화살로 부메랑처럼 돌아와 우리의 사회의 허를 찌르고 불협화음의 댓가로 우리의 농촌과 우리 모두의 가슴을 타들어 가도록 힘들게 하고 있다.

지금 대한민국은 늙어가고 있다.

생산력을 가진 인구보다 부양받아야 할 인구가 무서운 속도로 증가하고 있다.

일부 전문가들은 현재 지금 이대로라면 2020년 대한민국을 걱정한다. 아니 걱정이라는 말보다 더 심각한 말이 있으면 그걸 쓰고 싶다고 말한다. 고령사회를 넘어선 초고령사회.

그 영향은 가히 천재지변의 수준일 것이라며 한껏 공포 분위기를 조성하기도 한다.

전 세계적으로도 고령화가 촉진되어 사회적으로 커다란 문제가 제기되어 선진국들은 고령화 사회에 대한 대비책을 개발하는데 고심하고 있다고 한다.

베트남대사관에서

고령화란 한 국가의 전체 인구에서 노인 인구가 차지하는 비중이 늘어나는 현상을 말한다. UN 기준에 따르면 65세 이상을 뜻하는 고령 인구의 비중이 전체 인구의 7%를 넘는 연령구조를 갖는 국가는 고령화 사회이다. 65세 이상인 고령 인구가 전체 인구의 14% 이상이면 고령 사회, 고령인구 비중이 전체 인구의 20% 이상인 사회는 초고령 사회라고 부른다.

인구 고령화를 가속시키는 요인으로는 출생률 급감이 크게 부각되고 있다. 즉 영유아 비율이 낮아지고 청소년 비율이 감소되면 될수록 고령인구를 부양하여야 하는 노동층은 급감하여 부양잠재율이 크게 변화될 수밖에 없다. 또한 사회적 노쇠현상이 초래되고 국가경쟁의 탄력성은 큰 위협을 받을 수 밖에 없다.

고령화 사회는 의학의 발달로 평균수명이 연장되고 사망률이 감소한 것이 사회가 고령화되는 하나의 원인이지만 근본적으로 출산율이 하락하는 저출산 사회에서 주로 발생한다.

세계적으로 유례가 없을 정도로 빠르게 진행되고 있는 우리나라의 고령화는 출산율이 급속히 감소하고, 평균수명은 급속히 증가했기 때문이다. 한 사회가 인구 구조를 유지하기 위해서 꼭 필요한 출산율을 대체출산율이라 하는데, 이는 가임 여성 1인당 2.1명이다. 그러나 우리나라는 1970년 4.5인 출산율이 1998년에는 대체출산율에도 크게 못 미치는 1.4로 급격히 감소하다가 2006년도에는 1,02로 세계최저 출산율국가가 되었다.

여성들의 경제활동이 증가하고 육아 및 교육비용이 급속하게 증가한 것이 가장 중요한 원인이며, 앞으로도 여성들의 경제활동은 더욱 증가할 것으로 예측되는 만큼 출산율이 증가할 것으로 기대하기는 어렵다는 것이 학계와 전문가들의 진단이다. 또한 의학 기술이 급속하게 발달하여 1970년에는 63.2세이던 평균수명이 1985년에는 68.4세, 2000년에는 75.9세, 2005년에는 77.7세에 이르렀다.

2020년이면 대한민국 국민평균수명이 80세를 훌쩍 넘어 바야흐로 인생 90시대를 넘보게 될 것이다. 이쯤 되면 우리나라 인구증가율이 2020년을 정점으로 하향곡선을 그릴 것이란다.

결국 5000만 명 넘지 못하고 4900만 정도에서 고개를 숙일 것이다.

그때가 되면 65세 이상 노인이 15세미만 어린이들보다 더 많아진다.

이런 사회재앙이 불과 15년 후면 불어 닥칠 것을 예상하고 있으면서도 아무런 대책이 없다면 아마 대한민국은 그대로 역사 속으로 사라져버릴지도 모른다.

천재지변보다 더 무섭고 사회재앙이라면 큰 재앙일 수 있는 고령사회로의 진입을 막으려면 어떻게 해야 하나? 우리는 지금 최선의 방책을 내놓지 않으면 안 된다. 좋은 정책이나 대책의 조간은 간단하다. 그것의 효과가 항구적이면서 비용이 적게 들고 자연에 순리적이어야 한다.

그 해답은 간단하다.

생물 본연의 자세로 돌아가면 될 것이다.

이것만이 최선의 대안일 수 밖에 없다.

일정한 나이에 미혼남녀가 서로의 짝을 찾아 가정을 이루고 그 안에서 생명을 잉태할 수 있도록 사회적 분위기와 복지제도를 만들어 주면되는 것이다.

하지만 더욱 심각한 문제는 대한민국에는 여자는 많지만 여성은 그리 많지 않다. 아이를 낳아 기를 수 있는 여자를 여성이라고 하자.

한 생명을 잉태해서 양육하는 본연의 임무를 다하는 여성 말이다. 대한민국에는 세련되고 학식과 재능을 가진 능력 있는 멋진 여자들은 많지만 여성과 어머니는 사라져 가고 있다.

이 땅에 태어나 하느님이 부여한 종족유지의 본분을 다하고 가려는 대한민국의 넘쳐나는 남성들은 이제 부족한 여성을 찾아 거리를 해매는 시대가 되었다. 심각한 사회문제다.

이러한 현실은 시골로 들어갈수록 더욱더 심각해지고 있다. 비단 시골 총각뿐만 아니라 도회지의 저임금 근로자층 또한 마찬가지다.

그래도 천만 다행인 것은 이러한 사회전반적인 심각한 사태를 알고 발 빠르게 시민들 속으로 파고들어 외로운 이들에게 삶과 생명을 함께 나눌 가정을 만들어 주는 아름답고 의미있는 행정을 펼치고 있는 지방 자치단체장들이 있다는 것은 그나마 다행이다.

여수 합동결혼식은 전남 여수시의 김충석 (전)시장께서 깊은 관심을 가져주셨으며 상대적으로 여수시에서 요구하는 여러 가지 시스템(교육과정 사후 관리과정 연수원 운영)들이 합격점을 받아 저희(주)코리아웨딩스쿨에서 추진하게 되었다.

또한 해남군의 박희현 군수께서는 관내 결혼하지 못한 미혼남이 전남 지역에서도 가장 많은 900여명으로 실태 조사 나온 것을 감안하여 많은 예산과 지원으로 어렵고도 힘든 결정을 내리셨다.

아무도 시도하지 않고 어찌 보면 장가 못간 것을 개인의 일로만 치부해 버리고 관심조차도 없었던 국가나 다른 지방자치단체에도 경각심을 불러일으킨 혁신적인 시도가 아니었나 한다.

전남 여수시에서도 2005년과 2006년도를 연계해서 외로운 이들에게 국경을 초월한 행복한 가정을 만들어주었고 이들 가정은 어느새 한 아이의 엄마 아빠로서 행복하게 잘 살아가고 있다.

전남 해남군은 전형적인 농촌지역이기에 과감한 지원금으로 2006년 하반기 사업실적만으로도 40여명 이상의 이 지역 농촌총각을 외로움으로부터 구해 주었다.

이러한 분위기는 인근의 화순, 순천, 강진. 영광, 진도, 장성, 보성, 나주, 고흥 등 전남지역 내 급속도로 확산되어가고 있다.

시골 거리에서 종종 더덕더덕 걸려있는 각종 결혼중매사에서 내건 "베트남 처녀와 결혼하세요." 라는 플랜카드를 본다. 문구에서부터 신성한 결혼을 파고사는 장사로 보는 것 같아 마음이 아프다.

일부 지방자치단체에 가서 업무브리핑을 하다보면 까무라칠 정도의 말을 듣는다.

도덕과 인본을 경시한 어떤 검증도 되지 않은 업체에게 지방자치단체 행정이 국제결혼 예비신랑들을 맡겨버리는 어처구니없는 행정을 경험하였다.

아무런 업체나 결혼만 시켜 혼인신고 된 호적등본을 가져오면 결혼비용 예산을 지원해 준다는 것이다. 있을 수도 있어서도 안 되는 일이다.

처음 시도해보는 국제결혼 업무이기 때문에 그 일에 대한 상식이 없다보니까 간단하게 생각해버리는 공무원들이 없지 않아 가슴을 안타깝게 하였다. 혹시 잘못되면 그 어떤 "책임도 지지 않겠다."라는 책임 회피에 급급한 나머지 무사안일주의 관계 공무원도 눈에 보였다. 이런 사고로 이러한 문제들이 개선되지 않는다면 "장애자 우대", "100% 후불제" 등 읽어내리기 조차 민망한 플래카드는 더욱 더 현란한 자태로 뽐낼 것이 불을 본 듯 뻔하고 그렇게 맺어진 사람들의 불행은 무엇으로 보상할 것인가?

"세상에 자기 신부를 데려오면서 외상으로 데려오다니…"

베트남 여성들이 상품도 아닐진대, 자신의 신부를 맞이할 경비를 후불로 계산한다니…

그런데 의외로 이러한 업체들에게 자격이 당당하게 주어지고 있다.

마치 물건을 사고파는 형식의 문구들로 순수한 농심을 흐리게 하는 결혼 알선 업체와 또한 일부 지방자치단체에서는 공정한 업체선정을 핑계로 인륜지대사인 결혼을 공사 입찰하는 것처럼 대상자들 앞에 두고 업체들간의 가격경쟁을 시키는 지방행정도 있다.

국내 결혼비용도 수백수천이 소요되는 데 국제결혼비용을 1백~2백만 원 정도로 현실을 무시해 운영하는 업체는 그만큼 문제소지를 많이 않고 있다는 것은 상식이다. 지나치게 저 단가 공사를 맡기면 결국 부실공사가 되어 결국 한강 다리가 무너지고 삼풍백화점이 붕괴되고 많은 아파트가 무너져 애꿎은 인명피해와 엄청난 재산 손실을 보는 사례들을 타산지석(他山之石)으로 삼아야 한다. 특히 인륜지대사인 결혼을 맡기는 업체를 선정할 행정을 때는 이러한 부실공사들의 사례를 거울삼아야 할 것을 간고히 부탁해 마지않는다. 불쌍한 우리 고을 농어촌 총각이요 우리 이웃 형제들이 아닌가. 가족을 시집 장가보낸다는 마음으로 건실한 업체를 선정해 좋은 일을 하려는 업체를 지원하면 부조리도 없어지고 더 많은 이웃과 가족들이 행복하게 맺어져 잘 사는 가정을 만들어 사회에 봉사할 것이다. 그러나 건실한 회사여부를 어떻게 알 수 있느냐고 항변할 수도 있을 것이다. 그러나 지나치게 싸게 입찰한다던지, 기본적으로 있어야 사항들이 없다든지 하는 것 등은 조금만 신경써도 부실업체여부를 알아낼 수 있다.

일본 아사이맥주회사 전 회장 히쿠치 히로마시는 이런 말을 하였다.

"젊었을 때는 돈을 빌려서라도 좋은 사람이나 좋은 친구를 만나라"고 하였다.

"물은 담은 그릇에 따라 모양이 달라지고 사람은 누구를 만나느냐에 따라서 운명이 바뀐다."라고 하였는데, 하물며 친구도 아닌 정작 당사자들은 나의 평생 반려자를 만나는데, 마치 물건 경매 붙이듯이 가격을 흑판에 써가면서 입찰을 시키다니 나로서는 도저히 이해와 납득이 되질 않았다.

마치 힘없이 지켜보는 나로서는 가슴만 타 들어가는 심정으로, "저희 회사에 맡겨 주지 않아도 좋습니다. 정확한 정보를 제공하고 국제간 문화나 언어 차이에서 오는 이질감을 최소화시키면서 행복한 가정으로 안착할 수 있도록 사후관리까지 책임지고 돌보아 주는 업체가 선정이 되어야 한다."고 다시 한번 강조하면서 볼 멘 소리를 허공에 날려 보낸다.

이젠 정말 정부가 나서야 할 때다.

정부는 국제결혼가정들의 복지제도를 재구축하고 많은 예산을 세워주고 지방자치단체에서는 공정한 행정으로 그들에게 꼭 필요한 것을 취할 수 있도록 지원하고, 관리 감독을 철저히 해주어야 한다. 국제결혼대행업체에서는 신의와 믿음을 줄 수 있는 시스템으로 그들에게 소중한 인연을 맺어주고 철저한 사후관리를 통해 행복한 가정을 만들어 갈 수 있는 역할을 제대로만 해 주어야 한다. 현실이 이렇게만 된다면 신랑신부에게 이처럼 좋은 일이 어디 또 있을까?

정부나 지방자치단체나 국제결혼을 해 주는 대행업체들이 하모니를 이뤄 각자의 위치에서 최선의 노력을 다한다면 좋은 국제결혼 문화가 싹터 우리 사회가 한층 더 밝아지리라고 생각해 본다.

그동안 국제결혼이 갖고 있는 잘못된 일들을 개선해 건강하고 행복한 가정을 이루게 해 주는 것이 대한민국의 고령사회 진입을 막을 수 있는 또 하나의 좋은 대안이 아닐까 정부당국자들에게 제안한다.

현재 전국의 국제결혼중개업을 하는 업체의 수는 약 4,000여 업소로 추산하고 있다.(국내와 국제사업병행업체 30%)

과당 경쟁으로 인해 결혼에 대한 본질적 기능에 충실하기보다 박리다매의 성격으로 거래가 왜곡되는 것은 시장의 원리상 매우 위험한 발상이며, 국제결혼은 상대국가의 자유롭지 못한 실정법 위반 사회현상 때문에 드러나지 않는 사건 사고의 처리를 위해서는 추가비용 지출이 늘 따라다니며, 사후처리 관리에서 혼인이 실패했을 때 재결혼을 실시해야 하고, 한국에 입국한 이주여성 교육관리에 간접비용이 과다 지출되고 있는 실정이다. 무엇보다 행사금액을 논의 대상으로 할 것이 아니라 질적 서비스를 높이는 방법을 찾아야 될 것이다. 언론도 국제결혼 및 중개업에 대해 적절한 역할을 해야 할 것이다.

국제결혼은 당사자간의 이혼, 가출, 가정불화의 원인 중 가장 큰 문제점은 교제가 생략된 단기간의 배우자 선택 때문이며, 결혼중개자의 책임의무 소홀, 전문지식의 결여, 이 업을 해서는 안될 사람의 직업관부실, 현지 통역을 갖추지 못하고 있는 업체의 책임이 크다고 할 수 있다. 글로벌화 시대에 따른 인식의 변화에 맞게 국제결혼 중개업도 이제부터는 한 차원 높은 업그레이드된 결혼행사로 진행되어야 한다. 결혼이라는 특수성을 감안할 때, 중개업자의 높은 도덕성과 윤리도 요구되고 있다.

(주)코리아웨딩스쿨은 실패의 경험을 바탕으로 성장해왔다.

"평온한 바다는 결코 유능한 뱃사람을 만들 수 없다". 라는 말이 있다.

나는 그동안 무수한 시행착오를 겪으면서 현재 위치까지 왔다. 이 무수한 시행착오가 경험으로 저희 회사의 소중한 재산이 되었다. 남들보다 더 열심히, 부지런히 각종 모임에 참석하여 정보를 수집하고 끊임없이 독서를 하고 공부를 하였던 바, 저출산 고령화 사회문제에 심각성을 접하게 되었다. 이일을 결코 방관할 수 없는 나머지 내가 해야 할 일로 사명감을 갖게 되었다. 나는 미래의 일을 예측하는 시대를 읽는 안목도 생기게 되었다.

국제 결혼이 매년 증가 추세에 있고, 통계청에 따르면 2006년도 7명에 1명꼴로 국제결혼이 이뤄지고 있다고 한다. 특히 전남지역은 4명당 1명꼴로 집계되고 있다. 위장 결혼과 탈법 허위정보제공과 가출, 이혼 등 부작용도 많아서 정부차원의 대책이 필요한 시점에 김춘진 국회의원님의 입법 공청회가 2월 15일에 있었다.

늦은감은 있었으나 아주 신선한 충격이었다.

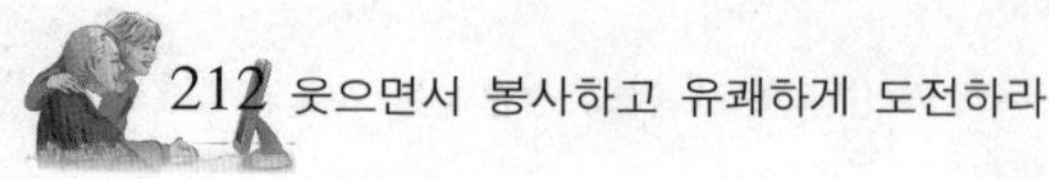

국제결혼 가정의 출산현황은 베트남 결혼 5,822건 18.7%이지만, 유아 출생율은 94.2%로 가장 높았으며, 필리핀 85%, 태국 54.2%, 일본 54.1%, 중국 15.9%라는 통계가 나왔다. 베트남이 결혼율은 낮지만 출생율이 높은 이유는 젊은 신부들이 많아 가임율이 높은 반면 중국 신부들은 재혼 등으로 신부의 연령이 높아 출산 비율이 낮은 것으로 추정되고 있다.

또한 베트남 신부들은 결혼을 전제로 한 혼인이 되고 있음을 증명해 주고 있다.

열번째 마당

성경적 결혼관과 결혼 명언들

아름다운 결혼을 위하여

결혼을 위하여

한 남자가 사랑하는 여자에게 결혼하자고 하자 여자가 말했다.

"저는 용기 있고 머리도 좋은 남자와 결혼하고 싶어요."

"지난번 보트가 뒤집혔을 때 제가 당신을 구해주지 않았습니까? 그걸로 제가 용기가 있다는 건 충분히 증명되지 않았나요?"

"그건 됐어요. 하지만 머리가 좋아야 한다는 조건이 남아 있어요."

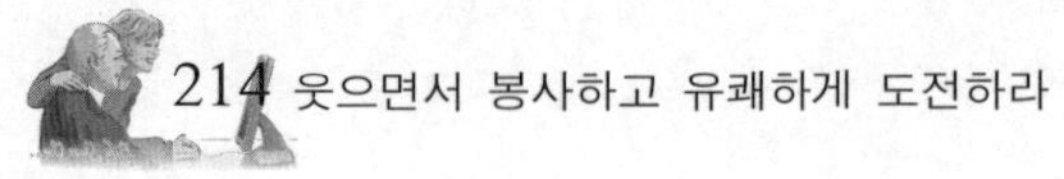

"그거라면 염려 탁 놓으십시오. 그 보트 뒤집은 게 바로 저거든요."

이것은 결혼에 대한 유머 한토막이다.

우리는 꿈을 먹고 산다. 특히 젊었을 때는 꿈이 있기 때문에 인생이 풍요로워진다.

특히 사랑과 결혼에 대한 꿈은 젊은이의 특권이다. 백마를 타고 오는 왕자, 춤추는 공주는 아니더라도 멋있는 남자, 아름다운 여자에 대한 동경은 생각만 해도 마음이 설레인다. 사람들은 누구나 좋은 배필을 만나기를 원한다. 눈이 높아지는 것이다. 친구의 배우자 보다 학식, 직업, 외모, 재산, 교양, 성격 등이 더 낳거나 조건이 좋은 사람을 선택하기를 꿈꾼다. 이것은 어쩌면 당연한 생각인지도 모른다. 그래서 결혼상담사는 당사자들의 눈높이를 맞추고 조절해 짝을 찾아주는 능력이 대단히 중요한 능력이다. 그래서 요즈음은 중매자에 대한 이름이 세련되고 다양해 졌다. 결혼 상담사란 말 외에도 커플매니저(couple manager), 커플 플래너(couple planner), 커플디자이너(couple designer) 등 여러 가지 이름으로 각자 독특성을 발휘해 좋은 짝을 맺어주기 위해 노력하고 있다.

나는 성당에 다니는 기독교인이자 결혼 상담업체인 (주)코리아 웨딩스쿨 대표이사로서의 15년 경험과 성경에서 나오는 결혼의 의미를 생각하고 또 사랑과 결혼에 관련한 일화나 격언을 소개해 결혼을 앞둔 예비 신랑신부의 인생에 도움이 되었으면 한다. 또 현재 결혼을 해 가정을 꾸미고 있는 사람에도 결혼생활을 더 지혜롭게 운영하는데도 보탬이 되었으면 한다.

사람이 살아가는데 있어서 중요한 것을 선택하라면 아마도 직업과 결혼일 것이다. 그 중에서도 결혼은 인륜지대사(人倫之大事)란 말이 있듯이 인생에 있어서 가장 중요하고 큰일임에 다름이 없다.

결혼에 대해서는 수없이 많은 말들이 있기에 과연 어떻게 사는 것이 가장 행복한 결혼생활인가를 이야기하는 것은 불가능한 것인지도 모른다. 그러나 성경적인 결혼관과 옛 성현들의 격언을 통해서 우리는 바람직한 결혼생활을 탐구해 볼 수 있고, 그것을 통해서 둘이 하나가 되어 행복한 가정을 운영하는 지혜를 얻을 수 있다고 본다.

먼저 성경적 결혼관을 살펴보면 다음과 같다.

첫째, 결혼은 둘이 하나를 이루는 창조적 관계다

결혼에 대해서 창세기 2장 24절에는 "남자가 부모를 떠나 그 아내와 연합하여 둘이 한 몸을 이룰 지로다"라고 시작하고 있다. 결혼은 서로가 부모 곁을 떠나 하나를 이루는 물리적이거나 산술적 관계를 초월하는 화학적 관계인 것이다. 이 하나는 서로에게 헌신하고 사랑하는 데서 생성한다.

그래서 예수님도 마태복음 19장 6절에 "이러한 즉 이제 둘이 아니오 한 몸이니 그러므로 하나님이 짝 지어 주신 것을 사람이 나누지 못할지니라"고 말씀하고 있다. 이것은 결혼이 그냥 하나가 된 것이 아니라 하나님이 짝지어 주신 것이다라는 중요한 만남의 의미가 있다. 예수를 믿지 않는 사람도 결혼을 하게 되는 경우 우연으로 돌릴 수만은 없는 그 무엇이 있다는 경이로움에 놀라곤 하는데 이 경우가 바로 짝지어 주심이 아닌가 생각한다. 이역만리 밖에 있는 이국(異國) 사람과 국제결혼은 더 말할 나이가 없다. 사람이 만나 친구가 되고 파트너가 되는 것도 보통 인연이 아닌데 이렇게 하나님이 짝지어 주신 만남은 일시적인 하나가 아니라 영원한 하나의 결속적인 삶을 의미한다고 볼 수 있다. 또한 이것은 사람이 함부로 나누거나 떼어 놓을 수 없다는 것을 의미한다. 그래서 루터는 결혼이란 창조의 일부라고 주장한 바 있다.

둘째, 결혼은 세 가지 사랑을 모두 포함한다.

세상에는 흔히 사랑에는 세 가지 유형이 있다고 한다. 즉 에로스와 아가페 그리고 플라토닉이 그것이다.

고대 그리스에서는 사랑을 에로스(Eros/남녀간의 사랑)라 불렀는데, 이것은 육체적인 사랑에서 진리에 이르고자 하는 동경과 충동을 포함하고 있다. 기독교에서의 사랑은 아가페(Agape/이타적, 희생적 사랑)다. 아가페는 인격적 교제(이웃에 대한 사랑)와 신에게 대한 사랑을 강조한다. 이것은 최고의 가치인데 자기희생에 의하여 도달하게 된다는 사랑이다.

또 하나의 사랑은 플라토닉(Platonic/정신적 사랑)이다.

이 외에도 사랑은 인간의 근원적인 감정으로 힌두교에서의 카마,

유교에서의 인(仁), 불교에서의 자비 등 모든 문화권에서 보인다.

사랑의 표현방법은 한결같지 않아서 성애(性愛)와 우애, 애국심, 가족애 등 교제 형태에 따라 다르다. 결혼에서의 사랑은 이 세가지 유형이 부분적으로 다 담겨져 있다고 볼 수 있으나 성경적 사랑은 아가페적인 자기 희생적인 사랑이다. 결혼도 아가페적인 사랑에서 출발하여 에로스와 플라토닉을 인도할 때 진정한 행복이 영속되리라 생각한다.

셋째, 결혼은 계약 이상의 언약과 같은 것이다.

결혼은 하나님과 가족 친지 앞에서 맺은 엄숙한 약속이며, 이 약속은 두 사람 사이에 조건 없는 약속이다. 또한 결혼이란 언약과도 같은 것이다. 언약이란 하나님과 이스라엘과의 변함없는 사랑에 기초한 것이다. 그리고 이스라엘 백성이 잘났거나 어떤 조건 때문이 아니라 무조건적인 것이다. 이와같이 부부는 결혼을 통하여 서로에 대해 변함없는 사랑과 무조건적인 헌신으로 대할 것을 언약하는 것이다. 언약은 지켜져야 생명력이 있다.

넷째, 결혼은 상대방의 부족한 점을 돕기 위해 하는 것이다.

배우자에게 뭘 바라기보다는 뭘 도울 수 있는가를 생각해야 한다. 돕는 배필로서 상대방의 부족한 점을 원망하기보다 기뻐할 줄 알아야 한다. 우리는 보통 내게 득이 될 수 있는 결혼을 원한다. 많이 배우거나 돈이 많거나 신분상승을 원하는 결혼을 하고 싶어 한다. 이 경우는 상승요인이 없어지는 순간 사랑도 끝나가는 것이 보통이다. 내가 도움을 받을 사람보다는 내가 도울 수 있는 사람과 결혼해야 한다. 두 배우자가 이런 마음을 갖고 만나게 되면 결국 서로를 돕게 되어 사랑도 결혼생활도 시너지(synergy) 효과가 나타나게 된다.

다섯째, 결혼은 역지사지하는 마음이다.

역지사지(易地思之)라는 말은 어떤 문제가 있을 때 서로의 입장을 바꾸어 상대방 입장에서 생각해 보면 상대방의 처지가 이해된다는 뜻이다.

영어의 이해라는 말의 "Understand"는 Under(아래) + Stand(서다)의 합성어이다. 즉 이해란 상대방의 아래에 서는 것이다. 상대방의 아래에 서서 그를 올려다보면 존중하는 마음이 생기고 진짜 상대방의 처지를 이해하게 된다는 것이다.

또 책임감이란 뜻의 "Responsibility"는 Response(반응) + ability(능력)의 합성이다. 즉, 필요한 것에 반응할 수 있는 능력이 바로 책임감이다. 상대방에 대해서 책임감을 갖는다면 그가 원하고 필요한 것이 무엇인지 알게 되어 상대방의 입장을 더 깊게 이해하고 거기에 먼저 부응하려는 자세를 가지게 되는 것이다.

여섯째, 사랑은 사랑하려는 의지이다.(Love is a will to love.)

조사에 의하면 결혼한지 20년이 되는 부부에게 만약 다시 태어나면 지금 사는 상대방하고 다시 결혼하겠느냐고 물었더니 75%가 아니라고 답했고 20%가 무응답, 5%만이 예라고 답변했다고 한다.

우리는 좋아하기로 마음먹은 상대방과 결혼해야 한다. 좋아하는 상대방과 결혼하면, 좋아함이 사라지면 결국 파경이 된다. 사랑하고자 하는 의지는 사랑하는 행동을 낳는 것이기에 더욱 그래야 한다. 좋아할 매력이 없는 상황에서는 감정이 아닌 의지가 사랑을 하게 하는 것임을 명심해야 한다. 좀 문학적인 표현이긴 하지만 사랑은 내가 심고 물을 주고 노력한 만큼 자라 꽃을 피우고 과실을 맺는 나무와도 같은 것이다. 다시 태어나도 당신과 또 함께 하겠노라는 사랑을 받으면서 살려면 서로를 사랑하려는 의지가 있어야 한다. (김인수 고려대교수)

일곱째, "사랑은 꼭 말로 표현해야 하나." 말로 표현해야 한다.

오늘날 한국사회의 특징 중의 하나는 말이 넘쳐나는 과언(過言)의 시대이면서 꼭 필요한 말은 제대로 하지 못하는 눌변(訥辯)의 사회로 되어가고 있다. 말은 넘쳐나면서도 정작 상대방이 원하고 필요한 말은 찾아서 쓰지 못하는 사회가 우리 사회다. 특히 결혼에서 의사소통이 안 되어 갈등이 생기고 불화가 되어 이혼하는 가정이 급증하고 있다. 현대사회는 과거의 폐쇄적인 소규모 사회와 달리 개방적이고 많은 사람과 접촉하는 사회다. 그만큼 타인과 접촉하는 빈도가 늘어 오해도 많은 사회인 것이다. 내 마음을 알아주겠지 하는 이심전심의 사고보다는 표현에 익숙해지는 것이 필요하다. 사랑하는 관계에서 침묵이란 종종 곧 불신을 의미한다는 것을 잊지 말자.

여덟째, "사랑은 국경이 있나." 하지만 국경이 없다.

다른 경우이기는 하지만 2006년도 국민 경사중 하나는 미국 슈퍼볼(미식축구)의 영웅 하인스 워드의 훈훈한 성공 이야기다. 그동안 우리 사회에서 국제결혼이나 혼혈아에 대한 편견이 많이 있어 왔는데 그들에게도 희망을 주고 우리 사회에도 소외된 계층 특히 동남아 등 외국인이나 흑인과 혼혈인에 대한 인식을 많이 넓혀주는 계기가 되었다. 원래 사랑과 결혼에는 국경과 인종이 없는 것이다. 단일 민족의 혈통이 우리 민족의 자랑이었지만 지금은 시대상황과 세계추세가 바뀌어 가고 있다. 개인의 선택을 존중해야 한다. 이것은 국민은 누구나 행복해질 수 있다는 행복추구권의 우리나라 헌법정신에도 맞다. 특히 국제결혼을 하는 남자, 그 중에서도 우리보다 못사는 나라에서 온 여자를 신부로 맞이했다면 더 많이 대화하라. 그리고 아껴주고 배려하고 더 많이 사랑하자. 길가에 아무렇게나 피는 민들레꽃이 강인해 보이고 그 뿌리와 잎새 모두가 귀한 약재가 되듯이 우리가 진달래처럼 길가에 검둥이 혼혈아라고 가벼이 버렸던 사람도 모국이라고 우리 사회의 빛이 되어 돌아온 것이다. 외국 여자가 그대로 있을 때는 그냥 외국여자였지만 나의 아내, 내 아이의 엄마가 되었을 때는 그것이 한국 여자든 외국 여자든 상관없이 나는 비로소 한 여자의 남편으로 다시 태어난 것이다.

1985 년 강변가요제에서 가수 박미경이 불렀던 <민들레 홀씨 되어>라는 노래가 있다.

달빛 부서지는 강둑에 홀로 앉아 있네
소리 없이 흐르는 저 강물을 바라보며
가슴을 에이며 밀려오는 그리움 그리움
우리는 들길에 홀로 핀 이름 모를 꽃을 보면서
외로운 맘을 나누며 손에 손을 잡고 걸었지

산등성이의 해 질녘은 너무나 아름다웠지
그 님의 두 눈 속에는 눈물이 가득 고였지
어느새 내 마음 민들레 홀씨 되어
강바람 타고 훨~훨~ 네 곁으로 간다

사랑과 결혼에 대한 격언은 우리에게 가정을 화평하게하고 튼튼하게 하는 높은 지혜를 준다. 가화만사성(家和萬事成)이란 말이 있다. 가정이 화평해야 직업, 사회생활 등 모든 생활이 잘되고 성사될 수 있다는 말이다. 내가 가장 좋아하는 말중의 하나다. 가정의 불화가 직장생활과 사회생활의 파멸을 가져오는 것을 우리는 많이 볼 수 있다. 여기 선각자와 여러 나라의 금언들이 있다. 더러는 편견도 있고, 객관성이 없어 보이는 것도 있다. 그러나 말은 받아들이는 사람에 따라 유용한 참고가 되어 인생을 살찌우는 계기가 될 수도 있으리라 본다.

♣ 여자란 아무리 연구를 계속해도 항상 완전히 새로운 존재이다. <톨스토이(러시아의 작가)>

♣ 아름다움의 극치는 한 여인에게만 있는 것이 아니다. 모든 여인에게 있다. 그녀들은 그것을 모르지만 마치 과일이 익듯이 모두가 이 아름다움에 도달한다. <로댕(프랑스의 조각가)>

♣ 여성의 전 생애는 애정의 역사이다. <어빙(미국의 역사가)>

♣ 여자는 남자와 결혼하지만, 남자는 일과 결혼한다. <속담>

♣ 젊은 여자는 아름답다. 그러나, 늙은 여자는 더욱 아름답다. <휘트먼(미국의 시인)>

♣ 하늘의 아름다움은 별에 있고, 여인의 아름다움은 머리에 있다. <이탈리아의 속담>

♣ 어떤 남자라도 여인을 보살펴 줄 여지는 있다. <스웨덴의 속담>

♣ 남자는 여자의 마음을 모르는 동안에는 얼굴에 대해 생각할 틈이 없다. <스탕달(프랑스의 작가)>

♣ 남자는 대체로 자기 아내가 그리스어를 지껄이고 있는 것보다 자기 식탁에 맛있는 요리를 놓아 주는 것을 더 좋아한다. <S.존

슨(영국의 문학자)>

♣ 정열가보다도 냉담한 남자 쪽이 간단히 여자에게 홀린다. <투르게네프(러시아의 작가)>

♣ 인간의 세계에서는 무엇 하나 자연스러운 것은 없다. 그 중에서도 여자는 문명이 정성껏 만들어낸 것이다. <보봐르(프랑스의 작가, 평론가)>

♣ 여자! 이 살아 있는 수수께끼를 풀기 위해서는 그것을 사랑하지 않으면 안 된다. <아미엘(스위스의 철학자, 문학자)>

♣ 무릇 위대한 일의 기원에는 누군가 여자가 있다. <마르티스(프랑스의 시인)>

♣ 여자는 열 살 때는 천사, 열다섯 살 때는 성자, 마흔 살 때는 악마, 여든 살 때는 마녀. <서양의 속담>

♣ 여자들이 인류 최초의 교사이다. <헵벨(독일의 극작가)>

♣ 아름다운 여인들은 먼 옛날부터 어리석어도 좋다는 특권을 갖고 있다. <한(독일의 작가)>

♣ 여자의 육체는 굳게 지켜진 비밀이며, 긴 역사다. <샤르포느(프랑스의 작가)>

♣ 여자가 서른 살이 넘어 가장 잘 잊는 것은 자기 나이이며, 40이 되면 나이 따위는 완전히 잊고 만다.<랑그론(프랑스의 귀족 부인)>

♣ 남자는 40세가 지나면 자기 습관과 결혼해 버린다. <메레디스(영국의 작가)>

♣ 남자는 건설해야 할 일이나 파괴해야 할 일이 없어지면 몹시 불행을 느낀다. <알랭(프랑스의 철학자)>

♣ 여인과 토지는 남자를 바쁘게 만든다. <오스트레일리아의 속담>

♣ 남자는 누구나 여인의 아들. <러시아의 속담>

♣ 말하지 않는 보석 쪽이 살아 있는 인간의 말보다도 어쨌든 여심(女心)을 움직인다. <세익스피어(영국의 극작가, 시인)>

♣ 보통의 윤리 - 이 사람은 나를 사랑하고 있다. 그러나, 나에게는 남편이 있다. 따라서 그를 사랑해서는 안 된다. 여성의 윤리 - 내게는 남편이 있으므로 그를 사랑해서는 안 된다. 그러나, 이 사람은 나를 사랑하고 있다. <레르몬토프(러시아의 시인)>

♣ 촛불이 꺼졌을 때는 어떤 여자도 아름답다. <플루타르크스(그리스의 저술가)>

♣ 처음으로 미인을 꽃에 비유한 사람은 천재이지만 두 번째에 같은 말을 한 인간은 바보다. <볼테르(프랑스의 사상가)>

♣ 우리가 사랑할 때는 사랑하지 않고, 우리가 사랑하지 않고 있을 때는 사랑한다. 이것이 여자의 본성이다. <세르반테스(스페인의 작가)>

♣ 여자와 수프는 기다리게 해서는 안 된다. 그렇지 않으면 식어 버린다. <스웨덴의 속담>

♣ 목숨과 바꾸고 돈을 탐내는 것이 강도이지만 여자는 양쪽 다 탐한다. <버틀러(영국의 작가, 시인)>

♣ 여자는 사랑하든가 아니면 미워한다. 그녀는 중용(中庸)을 모른다. <사이라스(페르시아의 왕)>

♣ 여인은 수수께끼이다. 이 수수께끼를 푸는 열쇠는 자식이다. <니체(독일의 철학자)>

♣ 여자는 휴식이요, 여행이다. <말로(프랑스의 작가)>

♣ 여자는 약한 남자를 지배하기보다도 강한 남자에게 지배받기를 원한다. <히틀러(독일의 정치가)>

♣ 먼지보다 더 가벼운 것은 무엇이냐? 바람이다. 바람보다 더 가벼운 것은 무엇이냐? 여자이다. <뮈세(프랑스의 시인)>

♣ 여자는 교회에서는 성녀, 마을에서는 천사, 집에서는 악마. <프랑스의 속담>

♣ 여자의 입에서 나오는 '노'는 부정이 아니다. <시드니(영국의 시인, 정치가)>

♣ 여성의 본질은 헌신이며, 그 형식은 저항이다. <키에르케고르)>

♣ 여자의 조국은 젊음이다. 젊을 때만 여자는 행복하다. <게오르규(루마니아 출신의 프랑스 작가)>

♣ 머리가 좋은 여자란 함께 있을 때 이쪽이 만족해 할 만큼 짐승이 될 수 있는 여자를 말한다. <발레리(프랑스의 시인)>

♣ 자기 얼굴을 감추는 것은 몹시 미운 여자이든가 아니면 매우 예쁜 여자이다. <O.와일드(영국의 작가, 시인)>

♣ 여자를 정복하기란 사나운 짐승을 길들이기보다도 어렵다. <아리스토파네스(그리스의 극작가)>

♣ 여자들은 자기 얼굴 이외의 일이면 무엇이든지 허용한다. <바이런(영국의 시인)>

♣ 신이 여자를 창조하였다. 그리고, 정말로 그 순간부터 지리함이 끝났으나 다른 여러 가지도 똑같이 끝났다! 여자는 신의 두 번째 실수이다. <니체(독일의 철학자)>

♣ 여자가 없었다면 남자는 신(神)처럼 살아갈 것이다. <데커(미국의 작가)>

♣ 여자에게 긴 혀가 있음은 화의 근본이다. (여자의 재잘거림은 화를 자초하는 근본이다.) <시경(詩經)>

♣ 여자를 아름답게 만드는 것은 신이요, 여자를 매혹적으로 만드는 것은 악마이니라. <위고(프랑스의 작가)>

♣ 여자들은 꾀가 많지만 항상 주관적이기 때문에 진정한 천재는 나올 수 없다. <쇼펜하우어>

♣ 침묵을 좋아하는 처녀는 총명하다. <프랑스의 속담>

♣ 처녀가 세 명의 구혼자에게 싫다고 했을 때는 스스로 찾아가 구혼해야 한다. <스위스의 속담>

♣ 숙녀의 상상력은 매우 빨라서 한순간에 국경에서 사랑으로 비약하고, 사랑에서 결혼으로 비약한다. <오스틴(영국의 작가)>

♣ 사람이 마음으로부터 사랑하는 것은 단 한 번 밖에 없다. 그것은 첫사랑이다. <라 브뤼에르(프랑스의 모럴리스트)>

♣ 첫사랑은 남자의 일생을 좌우한다. <모로아(프랑스의 작가)>

♣ 냉정한 여자라면 현명한 남자를 다룰 수 있지만 어리석은 남자를 다룰 수 있는 것은 현명한 여자다. <키플링(영국의 작가)>

♣ 남자는 법률을 만들고 여자는 풍속을 만든다. <세큐르 부인(프랑스의 문학자)>

♣ 남자는 여자의 오른쪽에 앉아야 한다. 그런 뒤 남자는 왼손으로 여자를 살며시 안아라. <카마수트라>

♣ 자선은 부인의 덕, 반대는 남자의 덕. <아담스미드(영국의 경제학자)>

♣ 여성은 말을 발견하고, 남성은 문법을 발견한다. <G.스튜어트(미국의 인문학자)>

♣ 우리 남자는 개개의 여자에 대해서 여자를 사랑하지만, 여자 쪽에서는 개인의 남자, 유일하고 특별한 사람만을 사랑한다. <아미엘(스위스의 철학자)>

♣ 남자는 일하고 생각하지만, 여자는 느낀다. <C.로제티(영국의 시인)>

♣ 남자는 사랑을 하는 데서 시작하여 여자를 사랑함으로써 끝난다. 여자는 남자를 사랑하는데서 시작하여 사람을 사랑함으로써 끝난다. <구르몽(프랑스의 저술가)>

열한번째 마당

삶의 아름다운 빛깔

지금까지 여러 가지 측면에서 고령사회 저출산 문제의 대안 중의 하나인 국제결혼에 대해 얘기해 봤지만 국제결혼에서 오는 문화, 언어 등의 결정적 차이에서 오는 어려움은 부정할 수 없는 사실이다.

따라서 이처럼 서로 다른 특성과 결정적 차이(差異)를 지닌 서로 다른 국적의 남녀가 결합되어 살아가는 부부 행복의 결정적 요소는 무엇보다도 "서로 다를 수 밖에 없는, 그 다르다는 사실"을 이해하고 수용해서 "서로를 있는 그대로 받아들이는 자세" 즉 너그러운 마음과 역지사지하는 자세가 매우 중요하다.

오늘날 우리사회의 가장 큰 문제 중 하나는 사랑과 신의를 바탕으로 결혼을 통해서 가정을 이루고 사랑으로 살아가야 하는 것이 부부라고 생각하지만 인간은 서로 다르며 무엇보다 남녀는 서로 다를 수밖에 없다는 현실을 머리로만 인정하고 생활 속에서 가슴으로 받아드리지 않는데 있다.

신의와 사랑으로 맺어진 부부관계란 조물주 하느님이 인간에게 내리신 더없는 최고의 선물이며 인간이 누리는 최상의 은혜로움이 아닐 수 없다.

그 점에 있어서 조물주가 주었다고 믿든 안 믿든 간에 우리가 누리는 성(性)과 사랑 그리고 자나 깨나 평생을 여보, 당신으로 살아가는 부부애(夫婦愛)는 인생의 가장 큰 가치(價値)이며 기쁨이요, 행복이다.

가화만사성(家和萬事成)이란 격언이 있는 것은 우연이 아니다. 가정이 화목하고 잘되어야 모든 일이 이루어진다는 것은 인류의 오랜 경험이 만들어낸 만고의 진리인 것이다.

인간에게 있어 생명을 지니고 살고 있다는 그 사실과 서로 다른 삶을 살다가 만나 부부연을 맺고 산다는 것은 연(緣)중에서도 가장 큰 연인 것이다. 더욱이 다른 국적의 남자와 여자가 서로의 짝을 찾아 사랑을 구하고 부부가 되어 한 가정을 이루며 생을 해로한다는 것, 그것은 어떻게 보면 보통의 인간에게 더 없는 최고의 인연이며 행운이라 할 수 있다. 모든 것이 생각하기 나름이다. 옛 선인들의 이야기처럼 어떤 사물이 가치가 있다고 생각되면 가치와 아름다움이 부여되지만 같은 물건이라도 가치가 없다거나 무의미하다고 생각하면 아무 쓸모가 없는 것이다. 예컨대 사랑이나 돈도 "가치가 없다고 하면 절대 무가치하고, 반대로 있다고 하면 절대 가치"로 되는 것이다.

여기서 저 유명한 미국의 심리학의 아버지이자 하버드대학 교수인 윌리암 제임스의 이야기 한 토막이다. "금세기의 가장 위대한 발견은 우리 인간이 마음을 바꿈으로 해서 우리 생활을 바꿀 수 있다는 것을 과학적으로 증명한 것이다." 사랑과 국제결혼과 행복도 마찬가지다. 우리가 마음을 바꾸게 되면 얼마든지 좋게 보이고, 행운으로 생각하게 되어 더 행복한 삶을 살수 있는 것이다.

그럼에도 불구하고 요즘 우리 사회 안에서 결혼과 가정과 사랑의 의미가 한없이 추락하고 우리나라 이혼율이 50%로 세계 제 1위라는 불명예스러운 자리에 올라서고, 이혼하는 젊은 부부들이 수없이 많아져가는 것은 큰 사회적 문제다.

어렵사리 만나서 몇 년씩 사귀어 보고 이것저것 서로 다 알아보고 하는 결혼인데 100쌍이 결혼하면 50여 쌍이 깨어져 이혼 한다는 사실은 얼마나 우리 사회가 그동안 가정을 부정하며, 개인주의가 팽배하고 상대를 용서하지 못하는 사회가 됐는가를 반증하는 것이다. 이혼 사유가 배우자의 부정, 폭력, 돈, 무능력등 다양 하겠으나 통계적으로는 대부분이 성격이 맞지않아 못 살겠다고 이혼한다고 한다.

한 아버지 한 어머니 뱃속에서 나온 형제들도 다 성격이 다른데 하물며 타인의 몸에서 태어나 각기 다른 환경에서 제 멋대로 살아온 사람인데 성격이 안 맞는 것은 어쩌면 당연한 것이다.

지금의 배우자와 이혼하면 또 어떤 사람을 만나 얼마나 행복한 가정을 이루겠다는 것일까?

문제가 있을 때 먼저 나에 잘못은 없는가 뒤돌아보고 나서 자기 잘못이 있으면 용서를 구하고 상대가 잘못이 있더라도 웬만하면 내가 먼저 용서하고 허물을 덮어주고 인내하며 서로를 긍휼히 여기며 아껴 주면서 사랑으로 품어주도록 노력해 보자.

성경에는 "네 남편을 주와 같이 섬기라는 말씀이 있고, 남편들에게는 네 아내를 네 몸과 같이 사랑하라."고 하였다(에베소서 5:22-28).

1%의 생각을 바꾸면 새로운 인생을 살 수 있다. "강대국의 흥망"의 저자 폴 케네디는 100년이면 세계에서 제일가는 나라가 2류로 떨어질 수도 있다고 말했다. 그래서 나온 것이 "1%의 경제학"이다. 많은 기업의 흥망의 예에서 보듯이 별로 커 보이지 않는 1%의 차이가 쌓이고 또 쌓이면 엄청난 차이로 나타난다. 결혼이야말로 무슨 일이 있을 때 잠시 뒤돌아보고 1%만 생각을 바꾸어 보자. 확실히 좋은 미래가 보일 것이다.

이혼은 행복의 씨앗이 아니라 불행과 비참한 삶의 시작이 되는 경우가 더 많다는 사실도 상기하여 가능하면 함께 가는 지혜를 가져보자.

사실 부부관계에 있어 신의(信義)와 사랑은 인격 있는 사람 즉 사람다운 사람은 사람의 생명과 같은 것이며 인간의 본성적인 요구인 것이다.

불행하게도 부부 사이에 끼이게 되는 긴장과 불화(不和) 반목과 원망 그리고 오해와 증오 등이 생기게 되는 까닭은 근원적으로는 서로의 인간이 불완전성에 기인한다는 것은 굳이 설명할 필요가 없다.

특히 불완전한 인간이기에 있을 수 밖에 없는 모자람과 차이점(差異點) 즉 서로의 다름을 이해하고 인정해 주고 받아주려는 가슴과 배려해주는 마음의 인색함에서 불행의 씨앗이 싹튼다는 사실이다.

부부의 육체적 구조와 성적 차이(性的 差異)뿐 아니라 정서적 욕구와 행동의 표시와 표현 방식 등에서 뿌리 깊은 차이가 있다는 사실과 특성들을 인정하고 그 차이를 극복하려는 노력을 소홀히 해서는 안 되는 것이다.

조물주께서 인간에게 주신 생명과 사랑 그리고 바닷가 모래알 수만큼이나 많고 많은 인류 속에서 한사람이 한사람을 아내로, 남편으로 맞아 성과 사랑 그리고 삶을 나누는 부부되어 살아간다는 것, 정말로 그것을 감사하며 살아가야 한다.

인생은 그 삶이 아무리 기쁘고 즐거워도 또 아무리 슬프고 괴로워도 영원할 수 없다는 것, 다시 오지 않는 것, 그 귀한 삶을 누구와 더불어 그리고 어떻게 행복하게 살 것인지….

우리는 그것을 선택해고 행동하는 지혜를 필요로 하는 시점이다.

좋은 선택은 지혜에 속한다고 볼 수 있다.

하지만 결혼에 있어서는 인연이 크게 작용한다. 마음에 드는 사람이 있어도 연이 닿지 않아 다른 사람의 짝이 되어 있거나 상대가 내 마음을 몰라주거나 선택을 하지 않는 등 변수가 너무 많기 때문이다. 이 세상에 충분히 완벽하고 완전하고 더 없이 곱고 아름답고 내 마음에 꼭 들고 결정적으로 만족할 사람은 저기 있는 그 사람이 아니고 대부분 내 가슴 내 마음 안에서 만들어진 다는 것을 인정 하는 일, 그리고 그것을 철저히 내안에 받아 드릴 때만 가능하다는 것을 말해 두고 싶다.

장미는 그 아름다움에서 꽃 중에 여왕이라고 한다.

또 모양이 풍요롭기는 모란을 따를 꽃이 없다고 한다.

그러나 장미에는 가시가 있고 모란에는 향기가 없다.

장미가 좋아서 장미를 선택했으면 날카로운 가시가 있는 것을 받아들여야 하고 모란이 좋아서 모란을 선택했으면 향기가 없는 것도 받아들여야 하는 것이 현실이다. 하늘은 공평 해 인간에게 모든 것을 한꺼번에 주지 않는 것 같다. 하나를 얻으려면 또 다른 하나를 버려야 한다. 내일을 얻기 위해서는 오늘을 버려야한다. 마치 어린아이가 내일의 꿈을 위해서 노는 것을 버리고 공부하는 선택을 해야 성공을 예약하는 것과 같은 이치다. 왜, 우리는 자녀에게 노는 것을 자제하고 공부하기를 권유하면서 우리 스스로는 행복한 내일을 위해 오늘의 어려움을 인내하면서 극복하려고 노력하지 않고 바로 포기하는 경우가 많은가를 모두가 다시 한번 생각해 볼일이다.

장미든 모란이든 결국 그 꽃을 받아들이는 일은 내게 맡겨져 있고 그것은 바로 내 인생에서 "내가 해야 할 일이고, 내 일이며, 내 몫" 이다.

삶의 아름다운 빛깔

내 짝꿍 친구의
크레파스는 36색이었습니다.
크레파스는 통도 아주 멋졌습니다.
손잡이가 달려있는 가방을 펼치면
양쪽으로 나뉜 플라스틱 집에
36개의 가지각색의 크레파스들이
서로 빛깔을 뽐내며 들어 있었습니다.
거기에는 금색, 은색도 있었습니다.

크레파스는 8색이었습니다.
조그마한 직사각형의 종이 상자에
골판지 이불을 덮고
옹기종기 누워 있는 내
크레파스….

짝꿍이 36가지의 색 중
어떤 색을 선택해야 할지 몰라

행복한 고민을 하고 있을 때
난 8가지 색을 골고루 색칠하고도
비어 있는 도화지를 놓고
어쩔 줄 몰라 하고 있습니다.

내 그림에도
빛나는 황금색을 칠한다면 정말이지
금빛 은빛 세상이 될 것만 같았습니다.

그날은 엄마의 모습을 그리고 있었습니다.
난 짝꿍처럼 엄마 손에

금반지를 그려 드리지는 못할지라도
엄마가 제일 좋아하는 보랏빛의 블라우스를
입혀 드리고 싶었습니다.

하지만 할 수 없이 파란색으로
엄마의 블라우스를 칠했습니다.
엄마는 너무 추워 보였습니다.
다시 따뜻해 보이는 빨간색으로
그 위를 덮었습니다.
그 순간 …….
블라우스는 보랏빛으로 변해 있었고
엄마는 눈부시게 웃고 있었습니다.
너무 신기했습니다.

빨간색과 노란색을 섞어 할머니가 좋아하는
주황색 감도 그릴 수 있었고
초록색과 노란색으로는
파릇파릇 연둣빛도 만들 수 있었습니다.

그날 이후로는 짝꿍 크레파스의

금색, 은색이 부럽지 않았습니다.

나에게는 요술쟁이 크레파스가 있었으니까요.

그날 난 못나게만 보였던
내 8색의 크레파스를 통해서
소중한 삶의 비밀을 선물로 받았습니다.

지금 내 삶에도
화려한 빛깔의 많은 크레파스는 없습니다.
물론 금색, 은색도 없습니다.

하지만
내게 있는 자그마한 빛깔로
소박하지만 따사로운 색을
만들어 낼 수 있습니다.

오늘도 난 내가 가지고 있는 나의 빛깔로
삶을 아름답게 그리고 있습니다.

왜, 견디기 어려운 무더운 여름을 어머니의 계절이라 했을까요?

"여름의 따가운 햇볕과 무더위가 있기에 우리는 맛있는 포도주를 마실 수 있다." 라는 프랑스 속담이 그 답을 대신해 주고 있다고 생각합니다.

작열하는 태양, 결실을 기다리는 땀방울, 숨 막히는 열풍, 대지를 적시는 폭우….

그 때문에 여름을 어머니의 계절이라 했던 것입니다.

그러한 여름이 있기에 가을의 풍요와 겨울의 평화가 있고 봄에 희망이 싹튼다는 교훈을 배울 수 있다고 김종남 로마노 신부님께서 우리들에게 말씀한 바 있습니다.

부 록

알알이 맺힌 사랑의 열매

사랑과 열매

내게 보물과 같은 나의 또 다른 가족을 소개합니다.

순수한 영혼을 가진, 그러나 다른 피부와 다른 문화를 가진 그들이 이제 온전한 나의 가족이 되어 가는 과정에서 순백의 깨끗한 영혼과 사랑을 배웠습니다.

베트남현지 연수원에서 신부들과 함께

이들은 때론 현명하게 때론 당당하게 나에게 이렇게

말합니다.

"사랑은 이렇게 하는 것입니다.

행복은 이렇게 만들어 가는 거랍니다.

누가 뭐라 해도 말이에요.

이젠 저도 어머니가 되었어요!"

이제 그녀가 말하는 진정한 행복이 무엇인지 그리고 그들이 한국행(국제결혼)을 선택하고 겪어야만 했고 뭇사람들의 편견과 곱지 않은 시선을 극복하고 "행복하기 위해 한국행(국제결혼)을 했다." 라고 말할 수 있는 사연들을 모아봅니다.

〈필리핀의 왕언니 브랜다 ; 당신으로 인해 자상한 아빠로 태어나련다.〉

이름 ; 브렌다. 나이 ; 29세. 국적 ; 필리핀. 한국에 시집온지 5년째.

남편 ; 37세. 국적 ; 한국. 일반 회사원. 결혼 5년 만에 생후 15주된 아들을 얻었다.

브렌다 아기출산 기념

5년 전 이 노총각을 코리아 웨딩스쿨 자문위원으로 활동하고 있는 배광열 예총이사님의 소개로 알게 되었다. 동생이라며 서른 후반이 다 되어가도록 여자가 없어 너무나 외로워 고민하는 것이 안타까워 그냥 두고 볼 수가 없다며 좋은 아가씨를 소개해 달라는 것이었다. 당시만해도 전문적으로 결혼정보회사를 운영하고 있는 것은 아니었지만 광주에서는 마당발로 알려져 있던 나였기에 신랑감을 소개를 하면서 좋은 혼처를 부탁하였다.

소개를 받고보니 사람의 심성이 아주 곱고 착실해서 어떤 여자를 소개해줘 행복한 가정을 이끌어갈 수 있는 가장의 조건이 갖추고 있는 거처럼 보였다. 문제는 고졸이라는 학력과 나주시 외곽에서 중소기업체를 다니고 있다는 조건 때문에 결혼을 못했다는 것이다.

예비신랑의 조건을 들어보니 몇 해 전 나의 친구가 생각났다.

나는 나이도 비교적 많이 들고 하니 마땅한 사람이 없으면 국제결혼이 더 낳을 수 있다고 권유를 했다.

일찍이 나의 친구를 국제결혼을 시켜준 경험도 있고 해서 베트남 쪽으로 설명하고 설득을 해 보았지만 현명한 이 노총각은 차라리 영어생활권인 필리핀 신부를 만나 결혼뒤 몇 년 후가 될지 모르지만 영어 학원을 개설해 운영해 보는 것이 소원이라고 뜻을 굽히지 않았다.

난감했다. 그때만 해도 지금처럼 지사망이 갖추어진 것도 아니고 베트남 아가씨라면 자신이 있었는데 필리핀 여성은 장담할 수 없었다.

아마 그 계기로 본격적으로 베트남을 비롯해 국제결혼에 관한 사업구상과 각 현지 지사 설립을 계획한 계기가 되기도 했다.

이리저리 각종 서류를 준비하고 7박 8일 일정으로 필리핀으로 떠났다.

당시 루손지역 한인회 회장님의 도움으로 스페인계의 24살 난 아가씨 브렌다를 만났고 바로 신부님의 주례로 결혼식을 치렀다.

짧은 7박8일 일정 동안 국제결혼 서류준비에 바빴고 신부가 입국할 비자발급에 온통 신경을 쓸 수 밖에 없었다. 하루라도 빨리 한국으로 돌아가 신부가 빨리 나올 수 있도록 몇 가지 서류들을 더 보내줘야만 했기 때문이다. 신랑은 이틀 동안 필리핀 처가에서 묵고 세상에서 가장 아리따운 신부 브렌다를 친정집에 맡겨두고 돌아올 수 밖에 없었다.

그렇게 신부와 헤어져 돌아온 지 한달 후에 브렌다는 드디어 한국에 입국해 행복한 신혼살림을 꾸리기 시작했다.

한 달만에 만나 반가움과 설렘으로 가슴이 벅찬데 문제는 이제부터가 시작이었다.

한국말 반 영어 반에다가 발음까지 안되는 콩글리쉬, 손짓발짓 춤추는 바디랭귀지를 다해 의사소통을 하다가 그것조차 통하지 않을 때에는 지극히 동물적인 감각을 활용할 수 밖에 없는 생쇼를 하였다고 한다. 처음에는 시부모님을 모시고 함께 살았다.

고생고생 하다가 한 1년쯤 지나 한국말에 꽤 익숙해진 브렌다와 함께 분가를 했고 또 다른 신혼생활에 젖어 행복한 나날을 보냈

다. 하지만 슬슬 아기가 생길 때도 되었건만 소식이 없었다.

브렌다는 은근히 아이를 기다리는 남편을 바라보며 조바심이 났었다.

하지만 내색할 수 없었다. 어김없이 꽃은 피고 열매는 익어가고 찬바람은 무심하게도 불어왔다. 그렇게 계절은 4번이 바뀌고 난 뒤 드디어 세상에서 가장 아름다운 꽃 봉우리처럼 귀여운 아기가 생겼고 이젠 생후 15주가 지났다.

브렌다는 한결같은 사랑으로 믿고 기다려준 남편에게 한없이 고마워했다.

더운 여름 아이를 낳느라 고생 한 브렌다에게 남편은 "나에게 살아가야할 의미를 하나 더해 준 천사 브렌다를 위해 그리고 사랑의 결실인 아기를 위해 세상에서 가장 멋진 남편 가장 자상한 아버지가 되기를 기도하고 약속했습니다." 라고 기쁨을 전했다.

지금 광산구 소촌동에 있는 34평 아파트에 잘 살고 있다.

나주와 가까운 동네다.

광주인근에서 브랜다는 필리핀에서 제일 먼저 시집왔다는 이유로 사랑의 한 가족 왕언니가 되어 버린 지 오래다. 브랜다를 비롯한 필리핀 여성들은 코리아웨딩스쿨과 함께 정기적으로 모임을 열고 있다. 우리식으로 하면 고향 계모임인 셈이다.

하지만 아이 엄마로서는 좀 늦은 감이 있다. 나중에 시집온 파멜라(22)같은 경우는 이미 두 아이의 엄마다.

그래도 무슨 고민이 생기거나 즐거운 일이 생길라치면 제일 먼저 브렌다집으로 모이게 된다.

막내 파멜라(22), 리오닐린(24), 재니벨(26), 민다(29), 미린느자비트(34), 이들은 항상 같은 곳에서 함께 눈물과 웃음을 나누며 오순도순 살아가는 이웃사촌이다.

필리핀이란 비록 국적은 같으나 각기 다른 고향을 가진 그리고, 각기 다른 목적을 가지고 한국으로 시집온 여인들.

하지만 이제 그녀들에게는 생명을 영위하고 제2의 삶을 나누는 가족을 이곳 한국에서 꾸렸다.

그 이유 하나만으로 그녀들은 서로 형제가 되었고, 이제 한국에 씨앗을 심은 한국인이 되었다.

〈울수도 없는 착한 여인 안다오 ; 언젠가 큰 기쁨이 찾아올 거야.〉

나이; 21세. 국적; 베트남 한국에 시집온 지 1년6개월.

남편; 38세. 국적; 한국. 고물상 1년 6개월 만에 아들 복연이를 얻다.

이 부부를 보고 있노라면 가슴이 아려온다.

안다오 가정방문

성실하고 듬직한 남편, 착한

신부, 물려받은 유산이라곤 가난뿐, 하지만 안다오는 늙은 70노모를 모시고 가난한 시골살림을 꾸려간다. 때론 여린 마음에 눈물 흘린 날도 많았지만 이제 울지 않겠다고 꼭 다짐을 한다. "이젠 나도 엄마가 됐는데…"

함평 인근에서 트럭하나 몰고 고물상을 하는 남편 수입은 한달 60만원. 한달 세 식구 아니 이젠 네 식구가 먹고 살아가기엔 턱없이 부족한 금액이다.

그래도 사람 좋고 인심 좋은 동네에서 호박이며 가지는 이웃 집 담 너머로 그냥 들어온다. 아무래도 시골인심이 좋긴 좋은가 보다.

아! 눈물이 난다.

조강지처라 했던가. 이역만리 외국에서 시집와 이토록 고생하며 살아가는 한 여성의 모성애, 부부애, 그리고 지극한 효성!

지금 대한민국의 어떤 21살의 젊은 여성에게서 이러한 애틋함을 발견할 수 있단 말인가.

가슴 깊숙이 안아주고 싶은 안다오에게 말하고 싶다.

"안다오야, 고생많지?"

"언젠가 큰 기쁨이 찾아올 거야. 행복한 날이 올 거야."

〈뚜엔 ; 장모님, 곧 집 지어드릴께요.〉

뚜엔 아기출산 방문

나이; 19세. 국적; 베트남. 한국에 시집온 지 1년 6개월

남편; 38세. 국적; 한국. 공무원

아무것도 없는 19살 뚜엔은 그야말로 신분 상승했다.

베트남 친정은 집 한 칸 마련할 수 없어 가족들이 노숙을 할 때가 더 많았다고 한다. 두 살 어린 여동생과 아버지 어머니 그리고 뚜엔.

하지만 이제 뚜엔은 슬퍼하지 않는다. 한국 시집에서도 공주대접을 받고 있다.

시아버지 시어머니는 막내며느리 꾸미는 낙으로 살고 있다 해도 과언이 아니다. 막내며느리가 집안에 들어온 날은 연 3일간 동네잔치가 벌어졌다.

38살 먹도록 장가못간 막내아들 못 잊어서 죽지도 못한다는 70 노모의 소원이 풀린 것이다.

평소 골초인 남편은 담배값 아껴가며 용돈을 모아 어느새 100여만 원을 비상금으로 만들어 놓았다.

사랑하는 마누라 친정집 지어 줄 돈이란다.

어느새 떡두꺼비 같은 아들을 낳고 단란한 가정을 꾸며 살고 있다.

남편은 하루 빨리 베트남 처가 집에 가서 작지만 대궐 같은 집을 사위 이름으로 지어주고 싶단다.

그리고 장인 장모님에게 꾸벅 절하고 싶단다.

"장모님, 그렇게 어여쁘고 착한 뚜옌을 저에게 평생 선물로 주셔서 고맙습니다." 라고...

〈인심얻은 새색시 용; 한국 농촌에 정 붙이고 살아요.〉

나이' 22세. 국적; 베트남. 한국에 시집 온지 1년 6개월. 뚜옌과 함께 한국에 들어 왔다.

용 아이출산 방문

남편 ; 42세. 국적; 한국. 직업은 한전 산하 기업체 직원.

신랑은 우직하고 무뚝뚝한 전형적인 대한민국의 남자다.

속 깊고 정 많은 청년이지만 표현력이 부족해서 가끔은 오해도 살 수 있지만 우직함속에 따뜻하고 자상함에 신부는 행복해 하며 살고 있다.

마흔 두해가 넘도록 고향을 지키면서 부모님 모시고 농사지으며 무작정 성실하게만 살아온 것이 바로 오늘의 행복을 맛볼 수 있는 원인이었다고 웃는다.

온 동네 두둑한 인심을 얻어놓은 덕에 베트남 새색시 용이는 동네 어딜 가더라도 한국의 따뜻함을 받는다.

한국 농촌의 따뜻한 온정에 가끔은 고향 베트남을 잊고 산다고 한다.

물론 한국생활에 적응하느라 바쁜 것도 한몫 거든다.

다행히 가까이 살고 있는 친척의 도움으로 한글 공부와 한국 음식은 이젠 수준급이 되었는데 그러면서 시아버지의 사랑을 한 몸에 받고 있다.

함께 들어온 함평의 뚜옌과 거의 비슷한 시기에 아이를 출산하였고 이 가정 역시 행복하고 단란한 가정을 이루면서 살고 있다.

〈중국의 똑순이 려미화; 낭군님 저만 사랑해 주실거죠〉

려미화 결혼기념 사진

나이; 35세. 국적; 조선족. 한국에 시집온 지 2년.

남편; 45세. 직업; 신문 영업.

44년 동안 고이 간직한 숫총각과 34살 중국 조선족 똑순이가 어우러진 앙상블은 정말 멋진 그림이다.

남편은 한 때 큰 사업을 펼칠만큼 혈기왕성하고 그리고 애국심이 넘쳐나는 요즘 보기 드문 청년이다. 단일민족의 혈통을 이어가야 한다는 평소의 지조를 버리고 뒤늦게 중국 결혼을 자처했는데 E-mail로 보내온 조선족 아가씨의 마음은 44세 노총각 마음을 한번에 사로잡기에 충분했단다.

긴긴 세월 돌고 돌아 만난 부부의 인연이기에 남은 생은 멋들어지게 살자고 두 손 꼭 잡고 다짐을 한다.

2005년 10월 16일 다시 한국에서 정식으로 양가 부모님을 모시고 결혼식을 올렸다.

결혼생활 1년이 지났지만 평상시에 직장에 나갔던 남편은 점심식사를 하러 꼭 집에 들른다.

그럴 때면 밥 한 공기 두 공기씩 맛있게 들고 있는 남편을 바라보면서 꼭 확인하고 싶은 질문이 있다.

"낭군님! 낭군님! 나의 낭군님!

평생 저만 사랑해 주실 수 있죠? 저에게 잘해줄 수 있죠?"

일하러 밖에 나가 있을 지라도 집에 혼자 두고 온 신부를 생각하여 꼭 점심을 집에 들러 먹는 습관을 가졌단다.

그런 낭군님이 한없이 고맙고 사랑스럽기 그지없다.

동탑성! 그 엄청난 장벽이 무너지다

동탑성 신부와의 10개월만의 뜨거운 재회

지난 2006년 4월!

한국과 베트남 양국가간의 자존심이 걸린 대립이 한 신문사의 기사로 시작되었다.

결국 신문사의 기자와 간부들의 사과문으로 일단락 지어지는가 했더니 그 파장으로 최대의 피해자들은 바로 국제결혼을 선택한 대한민국의 늦깍이 신랑들과 한국행을 바라는 베트남 여성들 그리고 그 둘의 만남을 연결해 주는 결혼정보업체였다.

베트남의 자존심을 건드렸다는 이유가 시발점이 되어 36개성으로 각 지방자치행정을 보고있는 베트남현지에서 몇 개의 성에서 국제결혼 특히 한국남성과의 국제결혼서류자체를 중단하기에 이르렀고 모든 관련서류들마저 폐기처분하는 사태로 이어졌다.

그중 가장 많은 여성들이 속해져있는 동탑성의 업무중단으로 인한 피해는 극심했다.

400여명의 신부들이 그대로 공중에 떠버린 셈이었다.

결국 예견 할 수 없는 기다림이 시작되었다.

하지만 난 나의 혼신의 힘을 다해 10개월간의 사투를 벌린 끝에 가슴속 사무쳐하는 해남군의 신랑들에게 동탑성의 신부들을 안겨주었다.

이 모든 것들이 확정되어지자 눈물을 흘리며 감사하다는 편지 한 통을 받게 되었다.

편지의 내용은 지난 10개월간의 신랑의 기다람과 외로움이 그대로 전해지는 듯한 절절한 편지였다.

코리아웨딩스쿨에서 전화가 왔다.

드디어 모든 일의 마침표를 찍을 수 있다는 전화였다.

9개월간의 길고도 긴 기다림 끝의 환희에 찬 너무나도 기쁜 소식이었다.

저는 지난 3월 26일 해남군청에서 실시하는 농촌총각 국제결혼에 신청하여 베트남 국제결혼을 하게 되었다.

너무나도 꿈만 같았던 일주일

그 짧은 순간에 40 평생 기다리던 나의 연분을 만나게 되었다. 나에게도 이런 행복이 찾아오는구나!

허나 그도 잠시 잠깐 2006년 4월 1일 조선일보에서 큰 사고(?)를 친 것이었다.

조선일보의 한 기자가 베트남 국제결혼을 특집기사로 다룬 내용이 나와 나의 신부를 기다림에 지쳐버리도록 만들 줄이야 꿈에도 몰라 었다.

"희망의 땅 코리아로", "한국 왕자님 날 데려가주오" 라는 타이틀로 보도된 기사 내용와 관련 사진은 베트남인의 인격 모독과 베트남 여성의 상품화로 비화되어 베트남과 한국간의 우호관계마저 치명적으로 뒤 흔들어버린 결과를 낳았으며 결국 조선 일보측의 사과로 일단락 지어지는 것 같았다.

하지만 우리나라처럼 36개성 지방자치단체 체제로 행정업무를 보고 있는 베트남에서 동탑성과 동나이성등 몇 개성에서는 아예 국제결혼서류자체 업무를 중단하기에 이르렀다.

이유는 간단하였다. 중국, 대만, 한국 등으로 베트남여성들을 모두 내 보내버리면 베트남 남성들 또한 우리나라의 남성들과 같이 결혼할 상대가 부족할 수 있다는 전제하에 상품취급을 받으면서까지 국제결혼을 할수 없다는 입장이었다.

특히, 동탑성같은 경우는 한국결혼이 가장 왕성하게 진행되었으며 서류업무 또한 가장 빠르게 수속해 주었던 지역이었으므로 나와 함께 갔던 일행 중 6명의 신부가 동탑성 신부였던 것이었다. 나중에 알게 된 사실이지만 나와 같은 처지에 있는 한국 신랑들이 무려 390여명으로 모두가 나와 같은 처지에 있었다.

그 많은 사람들 중에는 끝이 보이지 않은 싸움이라 하면서 어떤 부실한 결혼상담정보업체에서는 문을 닫고 자취를 감추어버린 곳들도 많았고 속수무책으로 손을 놓고 있는 업체들도 허다했으며 그나마 조치를 취하여 준 업체들은 이혼수속을 밟고 다시 결혼을 주선 해주는 곳도 있었다.

하지만 우리는 달랐다.

우리 (주)코리아웨딩스쿨과 우리가 맺어준 6명의 신랑들은 한마음 한뜻으로 한 번 맺은 신부들과의 소중한 인연의 결실을 끝까지 지키내기로 결심했다.

우리와는 다른 체제인 사회주의 공산국가에서 한번 안된다고 결정한 행정 사항을 우리 회사의 순수한 투명하고 윤리적인 기업경영과 인륜지대사인 성스러운 성혼의 본연의 임무를 다하고 있는 점을 설명하고, 일부 한국의 몰지각한 결혼 정보업체나 부로커들과 우리 기업은 다른 업체라는 것을 인식시키고 불쌍한 신랑 신부를 위해서라도 시비를 가려 한국과의 결혼 파기를 선언한 행정규제해제를 요구한 것이다. 당시 베트남의 여론악화로 한국 정부에서 나서도 안되는 일을 내가 나서서 해결하려고 한 것이다. 실로 무지하고 속담처럼 그것은 겨란으로 바위를 치는 무모한 짓이었다. 사실, 당시 우리도 일부 사행성 업체들 때문에 양국의 결혼 당사자는 물론 우리 한국 국가 이미지에도 먹칠을 하는 것이기 때문에 나는 이런 업체들과 브로커들의 행태에 대해 분개하고 있었고, 이러한 것들을 타산지석으로 삼아 우리 회사는 결혼 본연 임무에 충실하고 깨끗하게 운영하고 있었기 때문에 일말의 부끄러움이나 양심의 가책도 없었다.

양국 서로의 상황에 맞는 적절한 커플을 짝지어 행복한 가정을 만들어주기 위해 최선을 다하고 있었기 때문에 양심에 가책이나 꿀리거나 두려움이 한 점도 없었다. 그리고 어느 사회에서난 선한 자와 악인이 구별되어야 하듯이 선의 기업과 악덕기업은 구별이 되어야한다고 믿었기 때문이다.

어쨌거나 당시 여론이나 상황으로 봐서 이러한 행동은 어찌보면 무모하고 무식할(?) 정도의 결행이었다. 그러나 나는 내 자신을 믿었기 때문에 실행에 옮겼다.

청원서와 베트남 대사님에서 호소문을 작성하였고 수 없는 공문을 보내고 또 찾아가서 우리 회사의 투명성과 다른 회사와의 차별성도 설명하고 호소하고 그야말로 할 수 있는 온갖 수단과 방법을 통하여 드디어 계란으로 바위를 깨트려낸 것이다. 거대한 바위를 뚫어버린 것이다. 뜻이 있는 곳에 길이 있고, 지성이면 감천하며, 정신일도하사불성(精神一到何事不成)의 격언을 나는 또 한번 이루어 낸 것이다. 소중한 체험이었다.

또 이사건은 나에게 일부 악덕업자들과 브로커들, 그리고 본의는 아닐지라도 선악과 시비를 경중을 가리지 않고 전부를 매도하는 일부 언론들 때문에 선의의 사람이나 기업 그리고 국가도 피해를 본다는 점을 생각게 하는 점이었다.

여기에 당시 결혼당사자들과 우리 회사가 고통이 심했는지 알려주는 편지가 한 통 있다.

그 이면에는 해결의 기쁨도 녹아있다.

드디어 황금돼지의 해인 2007년 1월 18일은 바자발급 서류심사일이다.

이날 서류심사만 통과가 되면 나는 꿈에 그리던 나의 아내와 한국 땅에서 재회를 하게 된다.

난 이번 결혼을 통해 도한 이번 결혼이 준 기다림을 통해 많은 것을 얻었다.

그 첫 번째 평생을 함께할 동반자를 얻었다.

두 번째 고통과 기다림을 이겨내는 지혜를 얻었다.

세 번째 진심으로 간절히 원한다면 그것이 무엇이든 얻을 수 있다.

단 진실한 마음으로 얻을 수 있도록 행동이 뒤따라야 한다.

네 번째 믿음은 서로에게 할 수 있다는 용기는 주게 된다.

이뿐만 아니라 난 이번 기회에 지금까지의 나의 삶을 뒤돌아보고 반성하는 시간으로 새롭게 태어나게 되었다.

이 지면을 통해 사죄와 고마움의 마음을 전하고 싶다.

기다림에 지치고 시간이 흐를수록 계속되어지는 오해로 맘 상하게 하고 힘들게 해드렸던 코리아웨딩스쿨 관계자 분들께 진심으로 죄송한 마음과 고마움의 마음을 전합니다.

특히 저의 천생배필을 만들어 주신 코리아웨딩스쿨 나순자 회장님, 아니 한국장모님께는 한없는 마음 드립니다.

수많은 사위들이 계시겠지만 저 또한 장모님께 잘하며 행복한 가정 만들어 가겠습니다.

저희들에게 주셨던 기대와 믿음 변치마시고 애정과 관심으로 보살펴 주시기 부탁드립니다.

올해농사 잘 지어 고추랑 마늘이랑 올려 보내겠습니다.

못난 사위 철없는 사위 많이 예뻐해 주십시오.

그리고 새해 복 많이 받으세요.

감사합니다.

전남 해남군 산이면 민종배 올림

신혼여행지에서

〈눈물로 멍든 22살의 베트남 짠티안 여인〉

이 땅에 다시는 이런 일이 없어야 한다

아카시아 꽃잎이 흐드러지게 피어오르며 달콤한 향기가 코끝을 간지럽히는 5월은 가정의 달이다.

오월이 한창 무르익을 무렵 22세 어린 베트남 새댁 짠티안을 만나게 되었다.

초롱초롱한 눈망울은 근심과 걱정 그리고 원망이 가득한 눈망울로 "제발 좀 도와주세요!"라고 말하고 있었다.

짠티안은 병환 중에 있는 부모와 가난한 친정을 살려 보고자 한국행 결혼을 결정하였고 작년 11월에 한국 남성을 만나 부푼 꿈을 안고 한국에 들어 왔다. 그러나 새로운 꿈과 기대에 찬 결혼생활은 본인이 알고 있었고 들었던 한국 생활과는 너무 나도 다른 환경이었다.

신체 건강하고 도시에서 직장생활을 하고 있다는 신랑은 정신장애 2급 환자였으며, 밤마다 이어지는 성관계 요구와 이를 거절하면 구타로 이어졌다.

견디다 못해 택시를 타고 탈출을 시도하다가 결국 다시 되돌아올 수 밖에 없었던 짠티안은 베트남 유학생의 신고로 결국 우리 "국제결혼 가정2세 돌봄후원회"와 인연이 되었다.

수차례에 걸쳐 남편가족과 결혼을 대행한 업체와 법정투쟁 끝에 결국 짠티안이 원하는 대로 현재의 남편과 이혼판결을 받아 지난 6월 27일 베트남 고국으로 갈 수 있게 됐다.

다음 내용은 베트남 유학생이 우리 후원회 사무실로 보내온 짠티안에 관한 경위서이다.

이 경위서는 베트남 대사님에게 직접 전달됐다.

(갑)

남편 : S 씨 81년생

주소 : 전라남도 고흥군

(을)

아내 : 짠티안

주소 : 하우장성 풍협현

(병)

결혼알선 업체

(주) H업체

대표 : C 모

주소 : 경기도 안산시

상위 [갑]은 [병]의 알선으로 [을] 을 지난 11월 12일 베트남에서 만나 결혼 하는 과정에서 [을]이 현재 국제결혼가정2세 돌봄후원회에 보호 받기까지의 모든 일들을 서면으로 알려드리며 추후 다시는 이러한 베트남 자국민들이 불행한 일들을 겪지 않도록 협조해 주시기 바랍니다.

[갑]은 정신 장애 2급으로 국내에서는 물론 국제결혼은 한다 하더라도 원만하고 정상적인 가장의 자격미달자이다.

그럼에도 불구하고 [병]은 두 차례 걸쳐 [갑]의 집과 [갑]을 보고서 국제결혼을 강행시켰고 그 희생양이 바로 [을]이다.

[병]은 [갑]의 모든 결함을 숨기고 [을]에게 [갑]을 소개하였다.

[갑]의 현실- 정신장애 2급 (폭력적인 현장 목격)
부모, 형님 내외 동거
시골에서 농사

[을]에게 갑을 소개한 내용 - 도시에서 직장생활
심신 건장한 청년임

이 내용을 듣고 [을]은 [갑]과 결혼하기를 결정하게 되었다.

[을]은 울면서 “아마 사실을 정확히 알았다면 결코 결혼하지 않았을 것이다.”라고 말한다.

[을]이 한국 입국 직전까지만 해도 이러한 사실은 까마득히 몰랐었고 하루 이틀 지나면서 남편이 이상하다는 느낌을 받았고 정상인들과는 달리 사람을 쳐다보는 눈빛부터가 달랐다.

또한 낮에는 들에 나가 농사일을 도와야 했고 저녁마다 이어지는 성관계 요구와 이를 응해주지 않았을 때마다 수차례 걸쳐 가해지는 구타는 나이어린 [을]로써 감당해 내기 어려운 수치였다.

그렇게 3일이 지나 막연한 느낌이 현실로 들어났다.

바로 시어머니가 [을]에게 [갑]이 어렸을 적 교통사고로 정신이 올바르지 않다고 말했다.

더 이상 [을]은 거기에 머무를 필요성을 느끼지 못했고, 바로 베트남으로 가기 위해 인천으로 향했다.

그때부터서 [을]은 J의 집에서 생활하게 되었다.

J씨의 집 생활은 이랬다.

하루 2~3시간씩 창고에 나가 일을 했다.

그리고 나머지 시간들은 제 3의 남자에게 팔려가기 위한 맞선을 봤다. 제가 있는 몇 시간에도 서너 사람들이 [을]을 보기 위해 다녀갔다.

말을 들어본 즉, 이혼을 하려면 돈 천만 원을 [을]이 [갑]에게 주어야 한다고 말했다. 그 돈을 주지 않으려면 다른 사람에게로 시집가야 하고 시집을 가면 그 남자가 돈 천만원을 [갑]에게 준다는 것이었다.

이것이야 말로 사람을 사고파는 인신매매가 아닐 수 없었다.

베트남 자국의 여성들을 사고 팔다니, 더더군다나 사실을 숨기고 견딜 수 없어 힘들어 하는 [을]에게 되레 돈 천만원을 가져야 이혼을 한다니….

화가 나고 참을 수 없었다.

분명한 것은 사실을 숨기고 결혼을 시도한 [갑]과 [병]이 [을]에게 위자료를 주어야 한다.

이 내용을 듣고 [병]에 대해 조사해 봤다.

[병]은 상습적으로 대한민국의 술주정뱅이, 무능력자와 베트남 여성과 결혼을 시켜 원만한 가정이 이루어지지 않도록 만들고 이를 악용 베트남 여성을 제 2의 제 3의 남성들에게 계속해서 돈을 받고 팔아 넘겨왔었다는 것이다.

[을]을 데리고 나오는데 같은 마을에 또 한명의 베트남 신부가 들어온다는 소식이 들렸다. 그런데 그 베트남 신부의 남편도 [을]의 남편과 똑같이 정신장애자라는 것이다.

또한 [을]과 함께 들어온 하이라는 베트남 여성 또한 신랑의 정신장애와 무능력으로 인해 한국 입국 한 달만에 베트남으로 되돌아 가버렸다.

[병]이 운영하는 회사와 마찬가지로 G업체 C라는 사람은 [병]의 동생으로 똑같은 방법으로 수많은 베트남여성과 한국의 남성들을 우롱하고 있다.

대표적인 사례로 인천광역시 강화군 K씨 또한 알코올중독자로 이러한 사실들을 베트남 여성들에게는 숨기고 결혼을 강행하였는데 그 결과 그 알코올 중독자와 결혼한 베트남여성은 가출하여 생사가 묘연하다.

존경하는 베트남 대사님!

저는 지난 5월6일 국제결혼가정2세 돌봄후원회 나순자 회장과 동행하여 전라남도 고흥군에서 [을]을 만나 [을]을 광주로 데리고 올라왔습니다.

[병]과 [병]의 동생 C와 같이 인간의 탈을 쓰고 도저히 할 수 없는 짐승과 같은 사람들이 있는가 하면 우리 자국민을 위해 어려움 마다하지 않고 도움을 자청해주신 나순자 회장님과 같은 분이 있습니다.

존경하는 베트남 대사님!

저는 이렇게 생각합니다.

세상에는 선행과 죄, 상과 벌이 있습니다.

착하고 의로운 일을 하는 사람에게는 상이 따라야 하고

다른 사람들을 괴롭히고 상처를 주는 사람에게는 반드시 벌이 따라야한다고 말입니다.

대사님께서 제가 올리는 내용을 검토해보시고 반드시 [병]과 [병]의 동생은 처벌을 받아야 마땅하다고 생각합니다.

또한 아무런 죄 없이 고통 받고 있는 [을]에게 정신적 물질적 피해보상을 반드시 해주어야 한다고 생각합니다.

[을]은 아무것도 모르는 순진한 스무살 아가씨입니다.

단, 가난하다는 이유 하나만으로 이역만리 타국에서 자국의 여성들이 수치스러운 고통을 받고 있음에 도저히 저희들은 참을 수 없습니다.

사실을 숨긴 것도 부족해서 [을]을 제2의 제3의 남성들에게 팔아넌기려는 인신매매단 형제단을 두 번 다시 베트남 자국에 발을 들여놓지 못하게 해 주시길 간곡히 부탁드립니다.

그 두 업체가 계속해서 성혼을 시키는 한 [을]과 같은 피해자는 계속 속출될 것 입니다.

대사님께서 관심 가지시고 엄격히 조사하시어 가해자인 [병]과 [병]의 동생에게는 엄중한 처벌과 함께 [을]에게는 정신적 물질적 보상을 받을 수 있도록 부탁드립니다.

관심 가져주시길 부탁드립니다.

2006년 5월 8일

베트남 유학생 PHAM VAN CHONG

가슴 아픈 현실이 아닐 수 없다.

지금도 가끔 베트남에서 짠티안으로부터 전화가 오고 있다.

"엄마 감사합니다. 살아가면서 보답할께요!"

하며 전화가 온다.

〈뒤틀려버린 랑이의 꿈〉

"제발 도와주세요"라는 눈물을 흘리면서 서서히 써내려간 랑의 진술서를 보고서는 "국제결혼가정2세 돌봄 후원회원" 들은 가슴이 철렁 내려앉았다.

랑의 진술서와 상담을 정리한 내용이다.

1. 지난 2005년 10월20일 베트남에서 Y(결혼정보 S, 65세)씨를 만나 결혼을 약속하였습니다.
2. 3일 동안 함께 자면서 성교를 요구하였지만 결혼하지 않았기에 허락하지 않았습니다.
3. 2개월 후 Y씨는 한국에서 서류를 준비해 와서 결혼했습니다.
   그때 결혼서류에는 웽 이라는 베트남 아가씨가 양녀로 입적돼 있음을 알았습니다.
4. 결혼식을 올렸습니다. 결혼 후 아이가 필요 없다고 말해서 너무 많이 실망하였습니다.
   하지만 남편은 다시 마음을 바꾸어 천천히 아이를 낳기로 했습니다.
   그리고 친정집에 500달러를 줬습니다.
5. 남편이 한국으로 들어간 후 결혼정보회사의 서류에 대해 물었습니다. 내용은 "남편이 한국 에서 한번 이혼했고 베트남에서도

결혼한 적이 있다. 그리고 그 결혼한 베트남 신부는 남편이 나이가 많다는 이유로 도망갔다" 는 것이었습니다.

6. Y를 통해 그 남자와 결혼을 했던 성언니를 만났습니다.
성 언니는 한국결혼생활 4개월 만에 너무 힘들어 다시 베트남으로 도망 왔다고 했습니다.

7. 베트남에서 성 언니와 함께 Y를 만났습니다.
Y는 성 언니에게 한국으로 가서 남편하고 살면 도와주겠다고 약속했고 성 언니는 절대로 남편과는 살지 않고 돈만 벌겠다고 했습니다.
Y는 성 언니 친정집에 500달러를 줄테니 한국으로 가자고 했습니다. 그러나 한국에 들어온 뒤에도 그 돈을 성 언니에게 주지 않았습니다.

8. 성언니랑 Y씨 저 이렇게 세 사람은 결국 한국에 나왔고 현재 세 사람이 한집에서 살고 있습니다. 밤에 잠을 잘 때에는 한 침대에서 세 사람이 함께 자고 있습니다.

9. 현재 성 언니는 직장에 나가고 있습니다. Y는 여권 만들 때 200만원이 들었기 때문에 성언니의 월급에서 매달 절반씩 달라고 합니다. 또한 성 언니에게 1주일에 한 번씩은 남편한테 가서 자고오라고 합니다. 저는 서울에 있는 Y씨의 여동생 집에 일주일 동안 다녀오기도 했습니다. 거기에서는 청소랑 빨래랑 아기도 돌봐 주어야 했습니다. 친구에게 전화가 오면 바꾸어 주지도 않고 심한 욕을 하며 심지어 사촌여동생과 통화도중에는 가슴을

신하게 때려 기절까지 하였습니다.

10. 그 이후로 Y씨는 저와는 이혼하겠다고 말하며 다른 돈 많고 잘생긴 남자를 소개시켜 줄 테니 다시 결혼하라고 합니다.

2006년 6월14일

원티랑

대사님 내용을 재차 정리한 결과 Y씨(결혼정보 S)는 나이도 많고 이혼과 결혼 경험이 많은 사람이 나이 어린 베트남 신부들을 농락하면서 개인적인 성욕구도 해소해 가면서 베트남 여성을 또 다른 남자에게 넘겨 많은 이익을 취하고 있는 것 같습니다.

현재 랑은 "국제결혼가정2세 돌봄 후원회" 에서 돌보고 있습니다.

정말 천인공노할 일입니다.

지금 랑은 몹시 무서워서 도망을 나와 있습니다.

그리고 자신과 성 언니에게 몹쓸 짓을 한 Y의 처벌을 요구하고 있습니다.

하루 빨리 이혼 수속을 받을 수 있도록 해 주시고 랑과 성 언니에게 위자료 또한 받을 수 있도록 조속하게 조치해 주시길 바랍니다.

대사님께서 철저한 수사와 더불어 엄중한 처벌을 내려 두 번 다시 베트남 여성들이 국제결혼이라는 허울 아래 고통받고 상처받은 일이 없었으면 합니다.

첨부서류로 랑의 진술서와 사진을 동봉합니다.

2006년 6월27일

참으로 눈물겨운 이야기다.

사실 나는 국제결혼을 성혼시켜나가는 결혼정보업체와 그들을 돌보고 후원해주는 "국제결혼가정2세 돌봄 후원회"를 동시에 운영하면서 많은 번뇌와 기도를 드릴 수밖에 없었다.

쭉과 랑의 경우처럼 코리안 드림을 꿈꾸며 아직 피어보지도 못한 채 대한민국을 원망하며, 두려움의 대상으로 생각하며, 아파해야하는 그들을 보고, 또 한쪽에서는 사랑의 한 가족 모임의 부부들처럼 마냥 행복해하며 알콩달콩 살아가는 국제결혼가정들을 보고 있노라면 가슴 벅참과 가슴 애잔함이 함께 교차한다.

정녕 모든 이들이 행복해 질 수 있는 길이 없다 말인가!

부디 나의 하루가 내 사랑하는 나의 또 다른 가족인 후원회 가족들에게 사랑과 기쁨을 함께 나눌 수 있기를 바래봅니다.

갈무리

글을 마무리 하면서…

땅거미 질 무렵 태양은 그 찬란한 빛을 뒤로하고 서쪽으로 넘어갑니다.

붉게 물든 가을 저녁 노을은 평안함과 휴식을 전해줍니다.

모두가 제 마음을 다시 한 번 철들게 하는 스승들입니다.

저는 안으로 눈물이 참 많은 사람입니다. 감수성이 예민한 성격으로 늘 긴장 속에서 살아오면서 조금은 형식적이고 규격화 되기 쉬운 삶의 방식 속에서 공인 아닌 공인으로 부자유스러운 고난의 삶을 살아온 듯도 합니다.

다만 위안이 되는 것은 제가 늘 자기 안으로 울 줄 아는 사람이었다는 사실입니다. 많은 눈물로 잉태한 나의 삶을 이제는 외로운 사람들에게 그들의 짝을 찾아주는 일로 새로운 삶을 살아갈 것 입니다.

예로부터 서로의 짝을 찾아주는 중매는 우리사회의 가장 아름다운 미덕이라고 했습니다. 하느님께서는 제각기 봉사할 수 있는 달란트를 주신 것 같습니다. 6남매 장손 며느리인 제가 5남매를 손수 교육시켜 짝을 찾아주었던 경험이 오늘날 사람과 사람을 이어주는 사랑의 전령사 역할을 할 수 있는 밑거름이 되었습니다.

돌이켜 생각해보면 우리 인생은 끊임 없는 만남과 헤어짐, 그 선택의 연속입니다.

태어나면서부터 한 가정의 울타리 안에서 가족이라는 인연을 만나고, 자라서 학교에서 새로운 친구들을 만나고, 헤어짐을 반복하면서 자신의 반쪽을 찾아 또 하나의 행복한 가정을 꾸리게 됩니다.

화목한 가정 밖에서 태어난 생명은 결코 행복할 수 없습니다.

가정이 바로서야 사회가 건강하고 사회가 건강해야 국가가 강건하고 튼튼해 질 수 있습니다.

소중한 만남을 아름다운 결혼으로 연결해 행복한 가정을 만들어 주는 일을 제가 해야 할 사명으로 받아들이겠습니다.

이제는 결혼문화도 시대의 변화에 따라 바뀌져야 합니다. 현장 경험과 해박한 전문적인 지식을 요하는 결혼풍속이 올바르게 정착

되어야 할 시점입니다.

우리 어릴 적 펌프질로 물 길러 먹을 때 '마중물' 이라고 있었습니다. 한바가지를 먼저 윗구멍에 붓고 부지런히 뿜어내면 그 물이 땅속깊이 마중 나가 큰물을 되몰고 왔었습니다. 마중물 넣고 얼마간 뿜다보면 낭창하게 손에 느껴지는 물의 무게가 따라 올라옵니다.

누군가 먼저 마중물이 되어주는 사람이 있어야 합니다.

누군가 먼저 부지갱이로 제 몸을 태워야 불길이 살아나 듯 자기 몸을 던져 모두를 구원할 사람이 있어야 합니다. 누군가 먼저 굵은 눈물을 하염없이 흘려주어야 합니다. 이렇듯 우리 모두가 생존해 나가기 위해서는 누군가 헌신적인 희생과 봉사가 있어야 합니다.

제가 부족하지만 목 마른이의 마중물이 되어드리겠습니다. 제가 작은 희망의 부지갱이가 되겠습니다.

왜, 견디기 어려운 무더운 여름을 어머니의 계절이라 했을까요?

"여름의 따가운 햇볕과 무더위가 있기에 우리는 맛있는 포도주를 마실 수 있다." 라는 프랑스 속담이 그 답을 대신해 주고 있다고 생각합니다.

작열하는 태양, 결실을 기다리는 땀방울, 숨 막히는 열풍, 대지를 적시는 폭우….

그 때문에 여름을 어머니의 계절이라 했던 것입니다.

그러한 여름이 있기에 가을의 풍요와 겨울의 평화가 있고 봄에 희망이 싹튼다는 교훈을 배울 수 있다고 김종남 로마노 신부님께서 우리들에게 말씀한 바 있습니다.

최선을 다해 열심히 노력하고 실천하면서 "보람되고 행복한 하나"를 위해 둘을 준비하겠습니다.

인생은 기다림의 연속이라는 말이 있습니다.

기다린다는 것은 무언가 희망이 있다는 것을 의미합니다.

고통과 시름을 기다림으로 견뎌내며 희망을 키워 가겠습니다.

길이란 처음부터 만들어져 있는 것이 아니라 한 사람이 지나가고 그 지나간 자리를 또 다른 사람이 지나 갈 때 길이 된다는 진리를 믿습니다. 지금까지 미미한 이야기꺼리에 불과한 저의 인생 역정에 귀를 기울려주신 것에 새삼 감사드립니다.

제가 살아온 이 길이 시대적 불운 속에서 방황하며 고통스러워하는 분들에게 위안과 희망의 등불이 되었으면 그지없는 보람으로 알겠습니다.

이 글을 읽는 모든 분들에게 축복과 행운이 함께 하시길 바랍니다.

감사합니다.

□ 책을 먼저보고 □

매력, 유쾌하게 도전하는 CEO

우리는 과거 인류가 수 천년 동안에 일어난 변화보다 단 하루에 일어난 변화가 더 많은 세계에 살고 있다.

한 자료에 의하면 이미 2000년대에 들어서서 15초마다 새로운 과학 논문이 발표되고 15분마다 새로운 상품이 나오고 기술혁신이 이루어지고 있다고 한다. 2007년, 아마도 지금은 이보다 훨씬 빠른 변화가 우리 주변에서 쉴사이 없이 일어나고 있을 것이다.

지금 이 시대는 성공하는 삶을 위한 필요한 자료는 무엇이든지 마우스를 클릭하여 다운로드하면 된다고들 한다. 그러나 모방할 역할모델을 찾다 보면 대부분 무의미한 기준과 뜻밖의 결점을 지닌 미디어가 만들어낸 우상과 조우하게 된다. 오늘날 제공되는 많은 메시지들은 핵심을 이야기하기보다는 피상적이다. 많은 저자들은 이 책 저 책에서 가져온 사례들의 능숙한 모방자이자 조립공들이다.

그 말들은 삶에 일시적인 도움은 줄지라도 삶을 근본적으로 바꾸지는 못한다. 다시 말하면 본질적이라기보다는 하나의 표현기술법이라고 할 수 있다.

우리 시대의 가치 있는 역할 모델과 믿을 만한 조언자는 찾기가 쉽지 않다.

그래도 가끔은 어둠을 밝히는 등불처럼 길을 열어주는 책들이 몇 권씩 나타난다.

바로 나순자 회장의 "웃으며 봉사하고 유쾌하게 도전하라" 처럼 말이다. 이 책은 제목에서 어떤 내용을 담고 있는지를 일부 말해 준다.

나순자 회장은 정말로 여걸이다.

꿈 많은 여고시절에 사랑을 알아버린 그녀는 여자가 아닌 여걸이 되어버렸다. 결혼으로 일찍 접어버린 사회에 대한 꿈을 끝까지 포기하지 않고 새로운 배움으로 시작한다. 그리하여 그녀가 시작한 모든 것은 그것이 실패가 되었던 성공이 되었던 모두 대단한 작품이 되었다. 저자는 인생 마디마디에서 일어난 것은 무엇이던 간에 그것을 넓은 바다처럼 모두 온몸으로 받아들이고 용해시켜 새로운 창조를 일구어 냈다. 절망에서 희망을 찾고, 실패에서 성공의 길을 열었으며, 본인의 아픔에서 이웃에 대한 봉사를 찾은 것이다. 그리고 마침내 슬픔도 웃음으로 바꿔치기할 수 있는 여장부가 된 것이다.

장부(丈夫)란 원래 고대 동양사상에서는 여자에게는 쓰이지 않는 말로 독립해서 자기 몸과 가정과 사회를 꾸려나갈 수 있는 "당당한 성인 남자를 일컫는 말" 인데 대장부(大丈夫)란 장부한테 큰 대(大) 자를 써서 장부 중에서도 큰 인물을 가르키는 말로 중국, 한국, 일본을 비롯한 동양에서는 리더십의 본보기라 할 수 있다. 맹자(孟子)는 대장부의 기준을 마음과 몸, 그리고 행동 세 가지로 나누어 체계적으로 설명하고 있다.

첫째는 마음가짐인데 마음을 갖되 대장부는 마음이 좁쌀만 해서는 이기(利己)하는데 써서는 안되고 마음을 광거(廣居/천하, 세상)에 두고, 둘째, 몸가짐인데 몸은 정위(正位/예의를 갖추고)하고, 마지막으로 행동인데 무슨 일을 할 때 모든 행위는 무엇이 옳은 길인가 하는 의(義/ 옳은 길, 大道)의 길을 기준점으로 삼아야 한다는 것이다. 이렇게 하면 세상이 그와 함께 할 것이라고 단언하고 있다. 즉 성공할 수 있다는 것이다. 그런 점에서 대장부론은 리더십의 기본이자 성공의 실천학이기도 한다.

저자는 대단한 남자도 대장부의 길을 걷기 어려운 세상에 여자로서 대장부의 길을 실천하려고 노력하는 사람이다.

그것은 제1부 열여덟 번째 마당의 "천의 얼굴을 가진 여인"에서 신호등 해프닝에서도 잘 나타난다.

제1부 "하나를 위한 둘의 준비"는 저자의 인생 노트가 응축되어 있다.

때로는 넘어지기도 하고, 미끄러지기도 하지만 저자는 주저앉지 않고 오뚝이처럼 바로 일어선다. 정신일도 하사불성(精神一道 何事不成)이란 말처럼 저자는 강한 정신력의 소유자이기도 하다. 그래서 그녀의 말처럼 아침에 어떤 일을 생각하면 기적처럼 저녁에 이루어져 있더라는 것이다. 그러나 그것은 저절로 이루진 기적이 아니라 평소에 목표를 세우면 몸과 정신을 집중해 그 일에 매달린 결과로서의 산물인 것이며, 항상 준비하고 노력한 사람으로서 값진 열매인 것이다. 링컨의 말처럼 기회는 준비한 사람의 것이기 때문이다.

제2부 "행복하기 위해 결혼하는 사람들"은 저자의 인생철학이자 좌우명인 웃으며 봉사하는 삶의 일단이 실천으로 나타난다.

항상 웃으며 산다는 철학을 가진 CEO, 어떤 어려움이나 곤란도 뚫고 길을 여는 위기에 강한 리더, 항상 제자리에 머물지 않고 미래를 향해 도전하는 지도자, 목표에 충실하고 부지런한 여인, 이웃을 즐겁게 하고 유쾌하게 봉사하는 선구자, 맹자가 이야기하는 대장부..., 페이지를 넘기면서 우리가 발견하겠지만 저자는 더 많은 수식과 찬사가 있어야 하고 어떻게 인생을 살아야하는가를 가르쳐 주는 사람이다.

만약 인생과 사업에서 오는 어려움과 곤란히 있다면, 누군가와 대화가 필요하다면, 길을 잃고 방황이 된다면 이 책의 일독을 권하고 싶다. 많은 위안과 새로운 깨달음 그리고 보다 낳은 인생을 안내할 것이다.

이 책은 하나하나의 세평이 필요한 값진 내용들이지만 약식한 것은 필자의 무능이며 독자의 유능을 믿고 종이를 헛되이 하지 않기 위해 이만 줄인다.

박준수 박사(커뮤니케이션학, 광운대, 화법과토론문화연구소장)

(주)코리아웨딩스쿨 나순자 대표의 국제결혼상담과 인생역정

웃으면서 봉사하고 유쾌하게 도전하라

◎ 발 행 인 : 나 순 자

◎ 발 행 일 : 2007년 4월 10일

◎ 발 행 처 : (주)코리아웨딩스쿨

서울특[illegible] 중구 을지로3가 334-2

전화 : 02-[illegible]1-6718

팩스 : 02-2[illegible]6728

02-844-7130

◎ 등 록 : 제2-4477호

◎ 홈페이지 http://koreawedding[illegible]chool.com

◎ 디자인 기획 인쇄 : 우림 (☎2269-6680)

정가 : 9,800원